LETTRES CHÉRAKÉESIENNES.

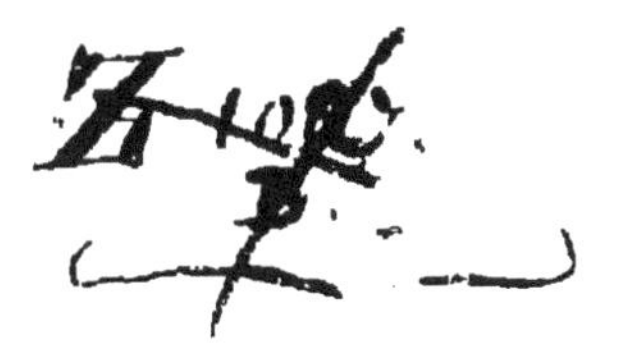

LETTRES CHÉRAKÉESIENNES.

MISES EN

FRANÇOIS

DE LA

TRADUCTION ITALIENNE.

Par Maubert.

Par J. J. RUFUS, Sauvage Européen.

A ROME:

De l'Imprimerie du Sacré Collége de la PROPAGANDE; par Ordre en forme de Brevêt de sa Sainteté CLEMENT XIII.

MDCCLXIX.

Audendum eſt, ut illuſtrata veritas pateat, multique ab errore liberentur.

LACTANT.

N. B. *Les Chérakées ſont un des principaux Peuples Américains & des plus ſenſés de la Caroline.*

N. B. *Afin que le Lecteur bigot n'ait aucun ſcrupule de lire ces Lettres, je fais re-imprimer le Brevêt tel qu'il ſe trouve à la tête de la Traduction du Chérakées en Italien que je viens de mettre au jour.*

Servus Servorum Dei,

CLEMENS XIII.

PONTIFEX MAXIMUS.

DILECTO nobis in Chriſto filio JOHANNI JACOBO RUFO, SYLVESTRI EUROPEO, Sacræ Congregationis de propaganda

paganda fide Typographo, ſalutem & Apoſtolicam benedictionem. Exponi Nobis nuper feciſti, quod licentiam imprimendi Librum, cui titulus eſt, *Lettere d'IGLI Cherakeeſieſe tradotte in Italiano, &c.* a nobis obtinere deſideres; ipſumque Autographum Santi Officii Supremo Inquiſitori, ut is eum diligenter examinet, communicaſti; cumque ille de omnibus, quæ in dicto Libro continentur, nos plene informaverit: Nos tibi non ſolum facultatem concedimus, ut quam primum eum imprimi facias, ſed etiam tibi expreſſe mandamus ut in omnes ac ſingulas Europæ vernaculas Linguas eum traducere, & in lucem quanto citius ſic traductum emittas, ut pote quem maxime utilem judicamus ad omnes fideles erudiendos ac ædificandos, ad virtutes egregias Eccleſiaſticorum toti Mundo patefaciendas, & præterea ad Romanæ Eccleſiæ ſplendorem augendum. Lippis & tonſoribus notum eſt Prædeceſſorem noſtrum feſtivæ, ſcurriliſque memoriæ *Leonem* X. dicere conſueviſſe Cardinali *Bembo* Lenoni ſuo; *quantum nobis noſtriſque ea de Chriſto fabula profuerit, ſatis eſt omnibus ſeculis cognitum.* Quapropter nos mandamus Archiepiſcopis, Epiſcopis

eorum-

eorumque Vicariis & fratribus noſtris in ſpiritualibus generalibus; ut non ſolum in Diæceſibus eorum dictum Librum legi permittant; ſed etiam ut legi præcipiant ab omnibus, qui legere norunt; & ut ii qui legere non norunt, audiant eum legi a Paſtoribus ſuis, qui eum ſemel in qualibet ſeptimana publice legere tenebuntur. Atque ordinamus ac volumus, ut in poſterum frequens lectio hujus Libri vicem recitationis Divini Officii obtineat. Cui omnes Indulgentias concedimus, quæ ab Anteceſſoribus noſtris conceſſæ ſunt iis, qui Divinum Officium recitarent: & in preſens decem mille annorum concedimus iis omnibus qui dictum Opus ter complete legerint: atque inſuper Plenariam in articulo mortis concedimus morituris omnibus, qui dictum Opus ſuper lecto collocaverint. Ac declaramus excommunicatos omnes qui eum legere vel legi audire recuſaverint, a quâ excommunicatione abſolvi non poterunt, niſi prius huic noſtro Decreto obediant; Quod præciſe ac abſolute volumus. Non obſtantibus contitutionibus & ordinationibus Apoſtolicis cæteriſque contrariis quibuſcunque. In cujus finem præſens Privilegium oranti conceſſimus: & quo magis

 quanti

quanti dictum Opus faciamus sciatur, nomen nostrum presenti Decreto affigi voluimus.

Datum Romæ apud Vaticanum, sub Annulo Piscatoris, die prima Januarii, 1769. Pontif. nostri anno decimo.

CLEMENS PAPA.

LETTRES CHÉRAKÉESIENNES.

PREMIERE LETTRE.

JE t'écris, vénérable Alha, pour m'acquiter de la commission, qu'on m'a donnée au jour de l'assemblée de nos Vaillans. J'ai traversé les mers habillé en *Européen*, & j'ai été extrêmement surpris de trouver des pays délicieux, & des peuples tout-à-fait différens de nous dans leurs manières, & dans leurs idées. Les balots de pelleterie, qui doivent être toute ma ressource, commencent à me procurer tous les plaisirs & toutes les commodités de la vie, auxquelles je me suis bien-tôt accoutumé. J'ai vendu ces depouilles de bêtes pour de l'or. Je ne sai quelle vertu divine ces peuples voient dans ce métail : ils sont remplis de joie à son aspect : ils en estiment plus un morceau dur & massif, qu'un poisson ou un bœuf. J'avois grande envie de rire de cette idée singulière : je croyois d'abord avoir manqué de probité, en leur donnant si peu de chose pour avoir des habits & du vin.

 Ils

Ils partagent cet or en petits morceaux plats & ronds, pour en porter plus facilement dans les voyages, & pour leurs emplettes. En vérité, ſage Alha, ces hommes ſont bien fous ou biens ſtupides. Nos pères, auſſi anciens que le ſoleil, nous ont laiſſé pour tout héritage leurs arcs, leurs flêches & des peaux d'animaux: ces choſes ſont utiles à la vie. Ce que je ne puis comprendre, c'eſt que parmi ces nations bizarcs il y a des pauvres & des riches; diſtinctions inconnues dans nos heureux déſerts. Que j'aurai de choſes à t'écrire: je doute fort que nos illuſtres Cherakées, quand ils ſeront bien informés, ſe reſoudent jamais à bâtir des villes & des temples, à vivre avec des loix auſſi barbares, & auſſi contraires au bon ſens, que celles de ces pays ſinguliers.

Voilà ce qu'ils me font penſer d'eux avant que je les connoiſſe à fond. Ce vieillard majeſtueux, qui s'inſinua parmi nous, nous gagna par ſes préſens & par ſa ſageſſe; mais je te conſeille, ſublime Alha, de ne point ſouffrir de changement parmi nos femmes & nos enfans, juſqu'à ce que je t'aie fait un fidèle raport des mœurs de ces peuples. Tu ſais que ce vieillard, avant de quitter nos déſerts, m'apprit l'Italien, en ſix lunes: le peuple, qui parle ce langage, paſſe pour un des plus cultivé de ces climats. Que le grand Eſprit te donne bon feu & bonne pêche: qu'il dirige tes flêch ſur les oiſeaux du ciel & les animaux de la terre.

SECONDE

SECONDE LETTRE.

JE t'avoue, vénérable Alha, que je ſuis quelquefois enchanté des douceurs que je goûte dans ces climats : il faut que ma raiſon faſſe des efforts continuels, pour vaincre la magie qui m'entraine. Il me ſemble ſouvent que je rêve, ou qu'en effet je ſuis parfaitement heureux : je ne ſouffre ni de la faim ni de la ſoif, ni du froid ni du chaud : quand j'ai bu de leurs liqueurs divines, je crois être avec le grand Eſprit : leurs lits ſont faits pour les délices : ils marchent dans des voitures, que des animaux enlèvent avec une légèreté incroyable. Je ſuis venu en volant de Civitâ Vecchia à Rome : ce ſont deux villes, c'eſt-à-dire deux amas d'habitations. La pluie, la neige, & les frimats, ne tombent plus ſur moi : leurs nourritures ſont délicieuſes ; & je jouïs de tous ces biens par le moyen de ces matières inanimées, qu'ils eſtiment beaucoup. J'ai eu long tems une erreur dans l'eſprit, & j'en rougis à tes piés : j'ai cru que les ames de nos ſages *Chérakées*, venoient après la mort jouïr dans ces contrées voluptueuſes de la recompenſe de leurs vertus, en ſe revêtant de nouveaux corps ; mais j'ai été bientôt détrompé par les crimes que j'ai vu commettre ici. Le croirois tu, cher ami ? ils refuſent à leurs frères & leurs voiſins les choſes néceſſaires à la vie : j'ai conclu de-là, qu'il étoit impoſſible que ces hommes heureux & opulents fuſſent les ames de nos ſaints

Chérakées. Tu le ſais, reſpectable Alha, ſi nos ſages compatriotes ont jamais manqué à ces devoirs de l'humanité.

On me conduiſit hier dans un lieu ſi charmant, que j'en ſuis encore yvre de plaiſir : je ne ſai, cher ami, ſi tu pourras t'imaginer rien de ſemblable : là on s'aſſemble ſur la fin du jour. Pour nous le ciel eſt le temple de la divinité ; mais, comme ces peuples ſe vantent que leur Dieu habite avec eux, j'ai cru que cette habitation ſurprenante étoit le lieu de leurs adorations nocturnes: Quoiqu'il en ſoit, je crois que le grand Eſprit y répand ſes faveurs les plus ſublimes. Là j'ai vu des hommes brillants comme le ſoleil deſcendre & monter aux cieux, des campagnes immenſes & des mers ſe multiplier & changer ſous mes yeux. Repréſente toi ce que feroit le Créateur s'il te montroit en un inſtant tous les climats du monde, en les raprochant de toi, & les faiſant paroitre & diſparoitre tour à tour. Tel autrefois forma l'univers, ſelon les enſeignemens de nos pères. Tu dirois qu'ils ont emprunté les étoiles aux cieux, pour en couvrir leurs têtes & leurs vêtemens. Semblables à des Dieux, ils ſemblent avoir ſoumis à leur empire tous les élemens. Le bois, le croirois-tu, cher Alha, parle dans leurs mains, & exprime des ſons inexplicables : nos chanſons ne peuvent t'en donner une idée. Je ne puis entendre ces accens divins ſans perdre la parole & le ſentiment : il me ſemble que cette volupté me fait mourir & vivre.

TROI-

TROISIEME LETTRE.

JE me promenois ce matin dans les jardins du palais de l'Agent de leur Dieu: j'en examinois les beautés & les symétries, & les comparois aux charmes de ma chère *Glé*, que je t'offre en mon absence, vénérable Alha, afin de la consoler par des enfans. Une troupe d'esclaves d'une beauté rare, distribuée en divers lieux des jardins, immobile & silentieuse, inspiroit du respect pour le lieu. Je me suis approché pour leur addresser la parole; & croyant qu'il y avoit du mystère dans ces lieux sacrés, je me suis tû, jusqu'à ce que, voyant des *Italiens* parler, je leur ai demandé ce que faisoient là ces hommes étonnants: ils se sont mis à rire, & m'ont fait connoitre avec insulte, que j'étois aussi stupide que ces figures. En vérité, vénérable Alha, je crois encore que c'est une espèce de créatures humaines, que nous ne connoissons point: elles marchent, elles s'asseyent, elles regardent, elles respirent, leurs corps sont fléxibles, elles tirent de l'arc, & font tout ce que nous faisons: qui sait si des pays, inconnus pour nous, ils n'ont pas emmené ces hommes extraordinaires: ils disent qu'ils sont nés en *Italie*, mais je n'en crois rien: leurs femmes pourroient-elles engendrer ces colosses? il y en a, dit-on, dans tous ces climats, chez les Illustres. En vain m'ont-ils montré les instrumens avec lesquels ils prétendent les former: tout étranger que je suis, je sais comment se font

 les

les figures humaines ; & mes enfans ne se sont pas faits à coups de massue, ni par un instrument de fer. Que le grand Esprit est admirable ! quelle diversité prodigieuse dans ses ouvrages, mon cher Alha ! que je voudrois le posséder ici. Ces peuples ont une espèce de magie, pour représenter aux yeux tout ce qu'ils veulent. Je me vois partout sans savoir comment cela est possible. Cet instrument ressemble à l'onde claire d'un ruisseau, où mille portraits s'effacent & se reproduisent. Ces peuples font bien plus : ils fixent tous les traits d'un homme par des couleurs, & forment des images durables.

QUATRIEME LETTRE.

CES Barbares comptent les tems, & s'imaginent calculer la durée du monde. Quelle extravagance, mon cher Alha, nous avons bien d'autres pensées ; nous jouissons de nos déserts & de notre liberté, sans nous attrister par des réflexions, qui nous annonceroient la fin de nos douceurs ; nous voyons d'un œil tranquile & insensible une lune se succéder à l'autre ; & nos vénérables Sages nous apprennent à ne jamais les compter. L'ennui de vivre, ou l'inquiétude de ne pas vivre assez, sont également injurieux au maitre du monde. Que m'importe de savoir en quel instant je vis, tandis que je néglige la vie heureuse ? le tems eſt pour les hommes un océan profond & impénétrable, dont on ne peut compter ni les goutes d'eau ni les grains de ſable.

Je crois, mon cher Alha, que ces gens-ci ne ſavent pas mieux que nous quelle heure il eſt. Les tems chez eux ſont réglés par les horloges, & chez nous par la naiſſance, & la mort ; l'heure frappe pour nous ſans nous ſurprendre, & malgré mille avertiſſemens, ils meurent ici ſans y penſer.

Ils paſſent pour ſavans, parce qu'ils font des recherches curieuſes ſur la nature ; mais je m'apperçois, en raiſonnant avec eux, qu'à la fin de chaque queſtion il en reſte une dernière, à laquelle ils ne peuvent repondre. Je converſois, il y a quelque tems, avec un de leurs ſacrificateurs, que la curioſité avoit engagé à me venir voir ; il étoit informé, que je n'aſſiſtois point à ſes cérémonies, & que je ne connoiſſois point ſa religion ; c'étoit un nouveau motif pour lui, car ces hommes déſirent avec ardeur que tout l'univers profeſſe leurs dogmes, tout prodigieux & inconcevables qu'ils ſont. Il m'aborda d'un air grave & aſſez libre ; il me parla de *Dieu* dans des termes auſſi magnifiques que ceux de nos ſages *Chérakées* ; mais je fus ſurpris de voir bien-tôt après ce vénérable me raconter je ne ſai quelles apparitions du grand Eſprit, & une foule confuſe d'hiſtoires, que je ne pouvois croire ſenſément.

En vérité, mon cher Alha, nous n'avons pas beſoin de nouvelles merveilles après la formation

de

de l'univers. Le grand Eſprit s'eſt caché à nos yeux, & nous a fait tels qu'il veut que nous ſoyons : c'eſt ſe plaindre de la magnificence de ſes œuvres, c'eſt attaquer ſa ſageſſe, que de vouloir reprendre & corriger l'homme. Ces gens-ci ſont triſtes & fâcheux : ils gémiſſent de leur ſort, & en font un point de leur religion. Pour nous, vénérable Alha, nous connoiſſons mieux le grand Eſprit : nous le louons avec joie, & nous portons devant lui un cœur toujours pur & un eſprit ſerein. Je me ſuis enfin déterminé à m'inſtruire dans leurs ſciences ; & j'ai deux vénérables qui ne me quittent point ; j'étudie nuit & jour ; je m'aſſervis à cent leçons barbares, & qui me ſemblent puériles ; j'apprens le Latin & le Grec, deux jargons qu'on ne parle plus parmi les hommes, & que ces gens-ci prétendent ſavoir par tradition. Il y a bien des termes ſur la ſignification deſquels il conteſtent ; je ne m'en étonne pas ; les Romains & les Athéniens ne ſont plus là pour décider leurs procès. L'un de mes deux vénérables eſt un *Italien* yvrogne, qui parle, dit-on, très-mal ſa langue, mais qui ſait le Latin en perfection. Tu ne le croirois pas, mon cher Alha, on apprend ici tout ce dont on n'a que faire ; on voit des hommes, qui ſavent les hiſtoires anciennes, & qui ignorent les différens établiſſemens qu'ils ont faits, leurs vices & leurs vertus.

Tu vois, ſublime Alha, juſqu'à quel point je me gêne pour être utile à notre patrie ; juge après cela

cela si je serai en état de te rendre un compte exact de ces nations, que nos vaillans voudroient imiter. Oui, mon cher Alha, si elles valent mieux que nous, il faut les prendre pour modèles : si elles sont plus éclairées & plus heureuses, il faut emprunter d'elles ce qui nous manque. Vis en attendant comme ont vécu nos pères : jouïs de tes rivières & de tes campagnes, où régne l'innocence & la tranquillité. Les habitans de cette ville, où je suis, chérissent les champs & la verdure : ils vont à certains jours & dans certaines saisons en goûter le repos avec empressement : ils ne sont à la ville que par la nécessité ; & font assez comprendre, que nous sommes faits les uns & les autres pour ces douces retraites, où nos vaillants habitent toujours. Leurs principaux n'ont pas dit-on de plus grand plaisir que celui de parcourir les forêts à la chasse : ils conviennent que c'est la plus noble occupation de l'homme : tout le monde ici ne peut pas s'en occuper librement : ils reservent aux Illustres le droit d'égorger des bêtes. Ces Grands ont les mêmes inclinations que nous : j'ai conversé avec quelques uns d'eux : en vérité, vénérable Alha, ils ne croyent point ce que disent leurs sacrificateurs ; ils pensent du grand Esprit tout ce que nous en ont appris nos pères : ils l'adorent comme nous par la jouissance des plaisirs, & croyent aller à lui par les routes délicieuses, qu'il nous a tracées, & vers lesquelles ils entrainent amoureusement notre cœur. Sers de père à mes enfans, ſublime Alha; défens les des bêtes féroces: apprens leur à tirer de l'arc, & témoigne à ma chère *Glé* ma tendreſſe & mon amour.

CINQUIEME LETTRE.

TU me mande, que tu as rendu les derniers devoirs à mon vénérable père; je me rejouïs de ſa mort fortunée: les enfans ici, à la mort de leurs parens, jettent des cris & des ſanglots. Quelle folie, mon cher Alha, de s'affliger d'être homme, & d'en finir la carrière! je ne ſais pas ce qu'ils prétendent, ſi c'eſt de vivre toujours ou de s'irriter contre le grand Eſprit. La crainte & l'eſperance remuent tous les cœurs de ces nations, ſans connoitre véritablement ce qu'ils craignent, ou ce qu'ils eſpèrent. Le grand Eſprit n'a-t-il pas pourvu à tout en nous mettant ici bas? ſous ſon empire quelqu'un eſt-il à plaindre? Y a-t-il des malheureux? Mon père eſt mort & je gémirois de le voir entre les mains du Père de la Nature? Non, mon cher Alha! je ne le ferai jamais: que tu me conſoles en m'aprenant que ni les bêtes féroces, ni nos ennemis ne l'ont devoré! Que ma femme & mes enfans, que toi, le plus cher de mes amis, lui avez donné votre cœur pour tombeau, uſage ſaint, que nos pères nous ont tranſmis, mais ignoré dans ces climats impies! Soleil eteins la lumière à ce ſpectacle dénaturé! Les enfans ici jettent indignement

ment ceux qui leur ont donné le jour dans des fosſes, creuſées par l'inſenſibilité & par la barbarie. Ils abandonnent aux vers de la terre, ceux qui ſont le principe de tous leurs biens. Ah ! cher Alha ! ce n'eſt qu'à nous qu'il eſt donné de chérir véritablement nos pères. Leur ſang auguſte coule dans nos veines, & devient immortel en ſe conſervant de generations en generations. Jamais les *Chérakées* n'ont engraiſſé la terre. Jamais les animaux n'ont brouté l'herbe ſur leurs corps. Les races poſtérieures ne ſont pas déteſtées dans nos déſerts comme dans ces climats. Plus nos enfans s'éloignent de nous, plus ils ſe trouvent mêlés & confondus avec une multitude d'illuſtres ayeux. Croirois-tu, mon cher Alha ! que les *Européens* nous fiſſent un crime de notre piété profonde ? je te le dis avec étonnement : oui, tel eſt le renverſement de leur raiſon ! ils ont horreur des mamelles qui les ont allaités, & de ces dépouilles ſacrées, dont le ciel les a fait naître. Ils rient, les inſenſés qu'ils ſont, des myſtères redoutables de nos banquets, où nos mains ſont armées par le reſpect & l'amour : s'il ſavoient la vertu ſécrette & divine qui nous y eſt communiquée, quel amour pour le grand Eſprit nous concevons après ces repas ſaints, où la vertu s'incorpore à nous ! s'ils ſavoient quelle ardeur ces chairs ſacrées nous inſpirent pour la patrie & pour nos enfans, que nous regardons comme le ſanctuaire, où la mort nous tranſportera un jour, pour revivre de nouveau, pour être l'ame de leur ame, & pour laiſſer dans leur tendre ſein l'impreſſion de nous-mêmes & le ſouvenir continuel de nos paroles & de nos actions! o ciel! que d'*Européens* ſeroient meilleurs s'ils nous imitoient. Je liſois, mon cher Alha, ces jours paſſés ſous les yeux d'un de mes pédagogues, que la plupart des grands hommes avoient eu des enfans indignes d'eux, d'où crois-tu que viennent ces effets? c'eſt parce qu'ils n'ont pas mangé leurs pères. Les Chefs de ces pays devroient ordonner, que les ſeuls grands hommes fuſſent mangés par leurs enfans, afin de former dans la ſuite des generations une race d'Illuſtres comme nous. Mais à quoi bon ces reflexions cher Alha? ils marchent tous dans les ténébres & dans la honte. Comment diſent-ils que *Jeſus* les diviniſe. C'eſt en ſe faiſant manger par eux. *Jeſus* leur a donc donné les mêmes leçons que celles que nos ayeux nous ont laiſſées. Je ne vois ici que des enfans qui n'ont pas mangé leur père. On m'en montre à la cour & dans tous les etats. En effet, ſi ce que me diſent les *Italiens* eſt vrai; ils ont eu des hommes admirables: mais ce que je ſais, c'eſt que leurs deſcendants ne leur reſſemblent pas.

SIXIEME

SIXIEME LETTRE.

LES femmes de ces climats ſont charmantes ; l'enjouement, les graces, la vivacité, me les font aimer éperdûment. En vérité, mon cher Alha ! il faut être raiſonnable pour aimer les nôtres, mais celles-ci jettent dans l'yvreſſe : leurs vêtemens ſont faits pour l'amour ; & les charmes qu'ils laiſſent entrevoir aux yeux ſurpaſſent la beauté de l'aurore. Tu ſais, mon cher Alha, les loix du grand Eſprit & qu'il nous avertit d'aimer par les objets qu'il nous préſente. Ici on ſe fait un devoir d'aimer ce qu'on hait, & de haïr ce qu'on aime. De là viennent ces humeurs bizarres, & ces ennuis qui les devorent : ils s'aſſocient ſans retour, & malgré la tyrannie où ces loix malheureuſes retiennent la Nature, ils n'oſent ouvertement en briſer les chaines. Il eſt vrai, cher Alha ! qu'ils ne le font que pour contenter leurs Sacrificateurs. Dociles en effet au penchant qu'ils devroient ſuivre avec autant de ſimplicité que nous, ils ſe dédommagent de leur ſervitude. Le croirois-tu ? cher Alha ! ce n'eſt point l'amour qui forme ces nœuds, ce ſont des parents mélancoliques & intéreſſés, qui preſcrivent à ces jeunes victimes, une tendreſſe qu'elles n'ont point. Ce ne ſont point ces mouvemens inexplicables des cœurs, qui les uniſſent, ces effuſions involontaires d'amour, ces attraits qui nous entrainent à notre inſçu, c'eſt une idée ſombre & réflechie, qui part du ſein de l'avarice

varice & de l'ambition. Tout eſt ici bouleverſé, mon cher Alha! les rangs & les diſtinctions enfantés par le hazard, ſéparent les Bérgères des Bérgers pour leſquels elles étoient nées. Et pour comble de caprice leur arrive-t-il de ſe rencontrer, & de s'appercevoir, qu'ils étoient faits l'un pour l'autre, les loix cruelles & injuſtes viennent troubler leurs embraſſemens & les plonger dans des douleurs éternelles. Il faut, diſent ces graves tyrans, fixer l'état des biens & des familles. Sans cela tout ſeroit en déſordre ſur la terre. Ah ſublime Alha! le monde n'eſt-il pas une unique famille. Le premier homme n'étoit-il pas père, frère & époux de la prémière femme tout à la fois? Chez nous tous les biens ne ſont-ils pas communs? Nous ſuivons la ſimple Nature, pourquoi s'en ſont-ils écartés? C'eſt ce premier égarement qui a produit tous les autres. Ces principes déteſtables ont été ſanctifiés, & tous ces maux ſont devenus néceſſaires. Chez nous toutes les conditions ſont égales. Le cœur ſeul décide de nos engagemens. Il nous lie & nous délie à ſon gré. Il n'en eſt point parmi nous qui ne trouve à la fin le repos de tous ſes déſirs.

Voilà, mon cher Alha, où ſe ſont terminées ces ſciences & ces raiſonnemens, par leſquels ils prétendent l'emporter ſur nous. Courbés ſous leurs chaines onéreuſes, ils oſent nous montrer leur liberté. Plus on fuit la ſimplicité de la Nature plus on s'égare. En vain par des caprices conſa-

crés

crés, au préjudice de ses loix veut-on substituer d'autres loix ; tôt ou tard elle nous ramène à elle & dissipe malgré nous, les préjuges qui semblent affoiblir son aimable empire.

Je te jure, mon cher Alha, que je ferois ici plus de proselites, que n'en a fait dans nos déserts le vieillard à barbe vénérable, en nous prechant son Dieu. Toutes les femmes penchent vers nos idées, & plus je connois les habitants de cette ville prodigieuse, où je suis, plus je découvre qu'ils pensent comme nos illustres *Chèrakées*.

Moyennant un sac d'or, je possède la plus aimable des Créatures. Je n'ai gouté en ma vie de plaisir plus pur. Elle a le cœur tendre & passioné. Elle me préfère aux *Italiens* les plus beaux. Elle se meurt, si je manque un jour de la voir & de l'embrasser. Sa peau est plus blanche que la neige. Ses yeux sont vifs & touchants. Son sein inspire la tendresse. Si *Glé* n'étoit pas ma sœur comme elle est mon épouse, la passion que j'ai pour cette *Européenne*, effaceroit celle que je dois avoir pour la mère de mes enfans. C'est à présent que je reconnois la sagesse de nos usages. La tendresse extrême qu'un frère a pour sa sœur, soutient celle que je lui dois en qualité d'époux.

Ici c'est un crime que de donner trop de force à l'amour. Les liens du sang, dès qu'il s'agit de marriage, sont des obstacles à l'union. Elles sont odieuſes & déteſtables ces liaiſons ſi propres à concilier les cœurs. On prend par caprice & par des feux volages des femmes étrangères. Juge, mon cher Alha, ſi ces motifs d'amour ſont puiſſants. Hélas ! ils s'effacent un jour après. C'eſt un crime digne du feu de trouver dans le ſein de ſa ſœur un double amour, un double engagement. Scais tu bien, cher Ami ! qu'ils s'épouſent ſans ſe connoître ?

Un de leurs Illuſtres m'entretenoit ces jours paſſés des plaiſirs, qu'il goutoit avant ces nœuds ſacrés, qui ſont ſi doux pour nous & ſi cruels pour eux. Sache me diſoit-il *Igli*, que je n'ai pas de douleur plus ſenſible, que celle d'enviſager ma femme ? Mon Père, homme dur, capricieux, intraitable, impraticable dans la Société, m'a menacé de ſe marier lui-même ſi je ne lui donnois des enfans. Il m'a fourni pour cet exercice une machine ſans eſprit, & ſans beauté, ſur laquelle j'ai travaillé par pure obéiſſance. Je ne l'avois jamais vuë, mais elle étoit riche, & par cette ſeule raiſon, mon Père barbare vouloit que mon cœur s'exprimat malgré ſes répugnances. Juge, mon cher Alha ! ſi ces hommes ſont dignes de l'idée ſublime, que nos illuſtres *Chérakées* s'étoient formés d'eux. Aſſûre de plus en plus les habitans de nos contrées, qu'ils ſont eux-mêmes les Sages de la Terre. Il eſt vrai que les *Européens* ſemblent avoir emprunté des cieux des ſécrets, qui ne nous ſont pas révelés. Tu ne pourrois,

cher

cher Alha ! t'imaginer les prodiges qu'ils ont inventés, l'usage qu'ils tirent de toutes choses, & leur addresse inconcevable. Ils semblent disputer au Grand Esprit le droit de créer. Mais souviens toi bien, cher Ami, qu'il vaut mieux pour nous, d'ignorer les commodités de la vie que d'apprendre d'eux tous les vices. Que ferons-nous en nous laissant séduire à leur magie ? Nous inspirerons à nos enfans le desir de se satisfaire : d'amasser des richesses & de se tuer pour les avoir. Leurs Sages, qu'ils appellent solitaires, ne sont pas plus riches que nous. Ces vénérables regardent leurs compatriotes comme des fous qui s'occupent à des niaiseries qu'il faut quitter à la mort. Tant il est vrai que ces nations sont forcées de s'accorder avec nous, malgrè leurs préjugés extravagans.

SEPTIÈME LETTRE.

SAIS-tu bien, cher Alha, qu'ici on ne prête rien sans caution ? Tant ils sont persuadés de leur mauvaise foi mutuelle. On conteste ici un morceau de terre, une habitation. Ces *Européens* ont des disputes sérieuses en conséquence, qui durent quelque-fois la vie d'un homme. Un quart de ces peuples ne vit qu'au depens de ceux qui font valoir ces droits prétendus, Ce n'est point la Nation qui possède la terre : ce sont les

 parti-

particuliers qui ayant reçu de leurs ayeux une division incommunicable, prétendent en chasser leurs frères & leurs compatriotes. En vérité, mon cher Alha, ces hommes sont de grands sots. Ils déférent tous les honneurs à ceux qui ont la complaisance, en décidant leurs querelles, de leur oter avec leurs biens tout moyen de disputer à l'avenir. Ils appellent *Juges* ceux qui dans le fond ne sont que des graves figures, faites pour écouter tous ces insensés. Ils ont des juridictions à l'infini. Chez nous tout est immuable ; depuis que le monde est fait, nous sommes encore les mêmes, mais ici tout s'accroit. Plus on remonte dans leurs antiquités, plus on voit de simplicité par-tout ; dans ces tems postérieurs ils croyent beaucoup mieux penser que n'ont fait leurs pères. En sorte que l'on voit clairement jusqu'à quel point s'est augmenté chez eux cet esprit de propriété & de contéstation.

Ils disent dans leurs prieres qu'ils sont nés dans la malice : en vérité, cher Alha, je les en crois sur leur parole. Un de leurs gens de chicanne m'en a plus appris que des millions de lunes n'en apprendront à nos vénérables *Chérakées*. Les raisons, telles justes qu'elles soient, peuvent se contester des années entières. Les précautions dans les procès sont immenses. C'est une routine sacrilége, que l'on applique sans distinction : & faute de l'avoir suivie exactement le Grand Esprit lui-même me donneroit gain de cause que je pér-

derois

derois mon affaire. C'eſt une manière de montrer qu'on a raiſon ; & ſans cette manière lucrative pour ces Vénérables, alterés & dévorans, quoiqu'on ait raiſon, on a tort. Que penſerois-tu d'un de nos Sages, qui me condamneroit ſeulement, parce que je m'exprimerois en langage *Canadien* plûtôt qu'en langage *Chérakéeſien.* Je lis avec plaiſir les livres de leurs Sages : ils ſont pleins de maximes toutes ſemblables aux nôtres. Leur *Jéſus*, qu'ils diſent Fils du grand Eſprit, n'a pas voulu juger aucun différent. Il leur ordonne de donner leur habit & leur manteau, ſi on leur conteſte la moindre choſe. *Paul*, un de leurs Inſpirés, regarde les procès comme des crimes. *Jean Chryſoſtome* dit, que le mien & le tien ſont la ſource de tous les maux de la Terre. Tu vois, cher Alha, que la ſageſſe eſt la même dans tous les climats & que ces peuples aveugles pourroient voir clair s'ils vouloient.

HUITIÈME LETTRE.

LEURS Sacrificateurs font profeſſion de ne jamais aimer de femmes, & ils appellent cela vértu. Juge, mon cher Alha, ſi leurs promeſſes peuvent être ſolides ? La Nature eſt plus ſage qu'eux ; elle ne ſe contrefait jamais. Crois-tu qu'on puiſſe étouffer ſes ſentimens ? & qu'à force de philoſopher on n'aimera pas ce qu'il y a au monde de plus aimable. L'Auteur de toute vértu a oublié, en nous formant, de nous donner de l'averſion pour ces compagnes délicieuſes de notre vie. Cet amour tendre, que nous apportons en naiſſant pour la moitié de nous-mêmes, eſt, diſent-ils, l'ouvrage d'un certain Etre, ennemi de Dieu & de l'homme. Je ne ſais pas où ils ont pris une idée auſſi dépourvuë de ſens. Ils me citent là-deſſus des hiſtoires, qu'ils aſſurent, que le Grand Eſprit a dictées à leurs Illuminés par préference à nous. Telle eſt la folie de ces nations, mon cher Alha, ils donnent à l'équité même des choix & des prédilections. Non, tu ne le croiras pas : ils prétendent que l'Amour des femmes eſt criminel. Ce penchant que le Grand Eſprit nous a donné, n'a d'autres bornes que notre cœur & nos deſirs infinis. Ils croyent ici que nous devons etouffer cette voix de la Nature, & ne lui donner que certains conſentemens, ſans quoi ils ſe pérſuadent, qu'après la mort, nous ſouffrons des feux ardens dans des lieux ſouterrains. Si ces raiſonnemens viennent du Grand Eſprit, comme ils l'aſſurent, il faut certainement que nous, qu'il a faits, en ſoyons inſtruits de quelque manière. Il faut que nôtre cœur & celui de ces peuples diſent la même choſe. Oh oh ! me diſoit un de leurs Vénérables, nôtre cœur & le vôtre, *Chérakées*, ne s'accordent que trop, mais nos livres le deffendent.

Quoi

Quoi donc, lui dis-je, ton cœur dit blanc & tes livres noir; & tu dis qu'ils ſont les uns & les autres l'ouvrage du même Dieu? Tu ès fou Révérend. N'ès-tu pas plus certain, que le Grand Eſprit a fait ton cœur, que tu n'ès certain qu'il a dicté des volumes à tes Inſpirés? Oui, ſans doute, repondit le chrêtien; ès-tu donc à balancer pour reconnoitre une main étrangere, différente de celle du maître de ton cœur? Il eſt plus inconteſtable que le Grand Eſprit nous a faits, tous tant que nous ſommes, qu'il n'eſt inconteſtable qu'il a dicté des livres; donc que nous devons plutôt croire nos cœurs, qui ſont ſes ouvrages certains, que ces volumes, ſur leſquels on peut former des conteſtations ſans fin. La ſeule contradiction entre ces Livres & nos cœurs inſpire du ſoupçon; je dis plus, elle montre la fauſſeté de ces écrits. Je ſuis ſûr que Dieu a gravé dans mon cœur ce qu'il a voulu; mais ſuis-je ſûr qu'il a parlé à tes Sages? Mon cœur détruit leurs dogmes; donc que ces dogmes viennent d'un auteur différent de l'auteur de mon cœur. Choiſis vénérable Diſciple de Chriſt, & conviens que l'un des deux s'eſt trompé. Quelle certitude approche de celle, que j'ai que le Grand Eſprit a formé mon cœur?

Non; mon chèr Alha, ils ne croyent leurs réveries pas plus que nous, quand on veut les approfondir avec eux. Ils ſont forcés d'etouffer la révelation de la Nature, toute ſacrée qu'elle eſt,

ou

ou de mépriser enfin leurs préjugés insensés. Que je les plains ces tristes & languissantes victimes, à qui on arrache d'une main barbare la moitié d'eux-mêmes! Quels reveurs ont imaginé une loi, que la Nature dément, & par conséquent que le Père de la Nature n'a pas faite.

L'on ne voit dans tous ces climats que des troupes de jeunes filles, & de jeunes garçons, qui essayent avec des efforts impuissants de combattre le plus juste de tous les penchants. Ces esclaves de leurs prétendus Sages gemissent sous des chaines insuportables, & punissent en eux la main du Dieu qui les a formés. Tout est amour dans l'univers, tout l'annonce; & malgré leur resistance ils subissent enfin son empire. La loi de la Nature est la prémière: ils en conviennent; & nulle autre loi ne peut l'asservir. Sa force se fait sentir au cœur de ces peuples extravagants, qui la démentent & lui obéïssent à leur gré, qui l'approuvent & qui la blament.

Les Sacrificateurs passent ici pour les hommes les plus passionnés, mais les plus discrets. Une espèce de contrainte rafine leurs sentimens. Le cœur, mon cher Alha, n'est jamais vuide; il est fait pour aimer. Le contraindre c'est rassembler ses forces; c'est grossir un torrent prêt à rompre les obstacles. Aussi bientôt après il ne connoit plus de digues. Ne crois pas cependant, cher Alha, que les vénérables soient la dupe de leur cœur, & de ce phantome de vértu, dont ils semblent

blent être les hoſties. Ces ſacrificateurs ont plus de femmes que le reſte du peuple. Je les ai examinés moi-même dans leurs temples; on en voit en foule autour d'eux, leur parler à l'oreille avec empreſſement des heures entières. Que crois-tu, cher Alha, qu'ils aient à ſe dire pendant tout ce tems? Je ne puis voir une belle fille deux momens ſans l'aimer; crois-tu que ces hommes ayent le cœur différent du mien? Les plus beaux & les mieux faits d'entre eux, car je l'ai remarqué, s'ils ont l'air reſervé & le maintien ſage, ſont les plus courrus par les femmes.

Il y a d'autres prétendus ſolitaires, mal-propres & vêtus groſſièrement. Pour ceux-là rarement elles leur parlent. Elles ne vont les entretenir en ſecret qu'une fois l'année, & leurs converſations ſont très-courtes. Tu vois bien, cher Alha, que l'amour fait toutes ces différences.

Apprens à mes enfans à s'aimer mutuellement; & dès qu'il ſeront nubiles, unis chaque frère avec ſa ſœur, ſelon leur choix & leur volonté; embraſſe mille fois & encore mille fois ma chère *Glé*, ma ſœur, & mon épouſe: dis lui que le Grand Eſprit m'a donné quatre enfans ici, afin qu'elle s'en réjouiſſe avec moi. Un Sacrificateur me les a pris, & j'ai beau les lui redemander, il me careſſe & me perſuade de les lui laiſſer. Ils les a fait apporter à ſon temple, & leur a jetté de l'eau ſur la tête; cérémonie que l'on fait à tous ces peuples en venant au monde.

NEUVIÈME LETTRE.

ON trouve ici des habitans de toutes les nations : leurs religions sont toutes différentes ; ils en disputent sans cesse, & les histoires de ces climats font foi que des millions d'hommes se sont égorgés avec fureur, pour un argument d'un vénérable. Comme je veux m'instruire de leurs sentiments, j'assemblai il y a quelques jours dans mon habitation, un *Italien*, un *Anglois*, un *Juif* & un *Turc*. Je leur avois fait préparer un repas. Mais quand je voulu les faire mettre à table selon l'usage de ce pays, le Juif & l'Italien ne voulurent pas manger, & le Turc ne voulut pas boire ; en sorte que moi, qui comptois avoir tous les convives du même équot, je fus aussi surpris qu'irrité de ce qu'ils ne faisoient aucun usage de mes libéralités. Je marquai à l'Anglois, en lui parlant à l'oreille, mon indignation. Apprens *Igli*, me dit-il, que ce sont des superstitieux. Ce Juif, que tu vois, croit tous les peuples impurs & souillés, & ne mange de rien où nous avons touché. Cet Italien ne mange point de viande le vendredi & tu nous offre aujourd'hui de la viande. Le Turc ne boit point de vin. Son prophête Mahomet le lui a défendu. Mais, lui dis-je, de quelle religion ès-tu donc ? je suis chrêtien repartit-il ; mais cet Italien l'est aussi, lui dis-je, fait-le donc manger. Apprens *Igli*, continua-t-il, que chez ces chrêtiens il y a encore un reste de Judaïsme, & que nous

autres

autres nous ſuivons l'Evangile pur & dégagé des inventions humaines, qu'on y a ajoutées depuis. L'Italien prêtoit curieuſement l'oreille à ce que nous diſions, & attaqua l'Anglois vivement ſur ſa prétenduë liberté Evangelique. Il cita Jeſus, ſes traditions, & ſes docteurs. L'Anglois, qui n'en perdoit pas un coup de dent, cherchoit dans une bouteille de vin excellent les réponſes aux arguments. Jeſus a jeuné quarante jours, reprit l'Anglois, mais il n'en a pas fait un précepte aux Chrêtiens. Ce ſont les tyrans Pontifes qui ſe ſont arrogés le droit d'inſtituer des préceptes, des péchés, & des coupables. Pierre, continua-t-il, avec feu, a reçu ordre de Jeſus dans ſa viſion de la nape de manger de tout ſans diſtinction. Ils ſe traitèrent de part & d'autre d'hérétique, & pouſſèrent la diſpute plus loin.

J'avoue que je fus auſſi ſurpris que rebuté de ce cahos de raiſonnemens, auſſi abſurdes qu'inintelligibles. Ce que je ſais, c'eſt qu'ils les attribuent à leur Evangile, que je lis tous les jours, & où ils trouvent ce qu'il ne dit point. Je les regarde en vérité, mon cher Alha, comme des inſenſés qui conteſtent la forme, tandis qu'on leur diſpute le fond.

Le Rabin les entreprit tous les deux, & leur reprocha de reconnoître pour Dieu un *Juif pendu*; le Turc prétendit que Mahomet étoit le véritable Envoyé de Dieu, qu'il falloit écouter; en ſorte que j'eus le plaiſir de les voir au priſes le reſte de la journée, ſans pouvoir décider lequel des quatre avoit raiſon. Que vous êtes fous, leur dis-je, de prendre des hommes pour vos Docteurs ; & de vous conſumer à juſtifier leurs imaginations. Nos Sages *Chérakées* n'ont ni Pédagogues, ni Prophéties, ni Viſions, ni Livres. Notre précepteur c'eſt le Grand Eſprit. Le monde & notre cœur ſont les volumes où nous liſons ſes volontés. Jamais nous n'avons eu deux penſées différentes parmi nos ancêtres. Jamais la diviſion n'a déchiré nos familles & nos cantons.

Sache, mon cher Alha, qu'ils regardent comme des Savants les hommes qui ont chargé leur mémoire & leur eſprit, d'un amas confus des erreurs de tous les peuples. Ils ont chacun de leur côté un très-grand ſoin d'excepter leurs ſentiments de la liſte de ceux qui ſe trompent. Ce que je remarque, c'eſt que tous ces peuples regardent la religion comme un joug, tandis que nous la regardons comme la plus grande de nos douceurs. Les Juifs crient dans leurs Synagogues, les Chrêtiens ſont triſtes dans leurs aſſemblées. Les Turcs, dit-on, pleurent dans leurs Moſquées, & nous dans le temple éternel de l'univers, nous n'avons jamais rien imaginé de terrible & de lamentable.

Tu le ſais, cher Alha, quels ſont nos tranſports de joye, à la vue du ciel ; & quels ſont ces accens ſécrets, dont le Grand Eſprit ſe ſert pour parler à nos cœurs. Tu ſais la manière ineffable avec laquelle il s'exprime à nos yeux. O Sainteté ! O Con-

Consolation ! que le trouble & la contestation n'interrompent jamais. L'amour & la simplicité font naître nos adorations & les rendent continuelles. Ici mille objets sont proscrits ou sont des sujets d'allarmes, mais pour nous, cher Alha, nous avons appris de nos pères, qu'ils sont tous les aimables intérprétes & les Lettres fidèles, qui nous parlent de la divinité. Tout excite notre admiration sans exciter nos raisonnements. De notre impuissance à nous connoître nous-mêmes, nous avons appris à ne pas nous appliquer à rien comprendre. Ces peuples, mon cher Alha, passent ici leurs jours dans le chagrin, pour expliquer la nature. Ils méditent, ils disputent avec un orgueil puérile ; ils meprisent leurs adversaires, & tous, tant qu'ils sont, ils n'en savent pas plus les uns que les autres. Sache que depuis les tems reculés d'*Aristote* un de leurs Sages, ils ne sont pas encore avancés d'un pas de plus. Que ma chère *Glé* te chérisse comme moi-même ! qu'elle t'accorde les baisers les plus tendres ! & qu'elle goûte entre tes bras la félicité la plus parfaite.

DIXIEME LETTRE.

J'Etois malade, mon cher Alha, ces jours passés d'une colique violente, quand au milieu de mes douleurs, un certain homme vint me tenir un langage grave & scientifique, moitié Latin, moitié

 Grec,

Grec, & moitié Italien. Heureusement pour moi mes pédagogues m'avoient appris les principes de ces idiomes, en sorte que j'entendis à peu près ce que signifioit son galimatias. Il fit semblant de conjurer ma maladie ; & sachant de mon hôte, que j'étois étranger, il me dit d'un ton goguenard, qu'il étoit charmé de me servir, & moi j'en suis bien faché, lui dis-je, vénérable ? Les Italiens, continua-t-il, sont les prémiers médecins du monde ? sa bouche avoit un flux épatique d'aphorisme. Il me tata le pouls : il regarda ma langue & mes yeux : mais par malheur pour lui, il me survint un vomissement & je me trouvai entiérement soulagé. Je m'informai plus amplement de cet homme : on me dit qu'en Europe ces gens vendoient la santé du corps. N'en sois pas surpris cher Alha, puisqu'on vend ici celle de l'ame. La Médecine a ses raisons ici pour être mystérieuse. Il n'est donné qu'à ceux, qui sont initiés dans ses mystéres, d'être utiles au genre humain malade. Les hommes ont beau se récrier, l'amour de la société a beau reclamer & exiger la connoissance des doses nécessaires pour se guerir de la fiévre, il faut qu'il en coute pour consulter les Révérends. Il faut obtenir d'eux quelques figures sorciéres, qui mises au net, par un droguiste, font avaler aveuglement à ces nations la vie ou la mort. Croirois-tu, que l'intérêt, poussé à un tel excès, fut toléré par les loix ? Si les Européens savoient se guerir, leurs médecins mourroient de faim. Qu'ils vivent donc, j'y consens ;

ſens: pourvu qu'ils n'attentent pas à ma vie, comme on dit ici, qu'ils le font impunément.

N'eſt-il pas ſurprenant, que ces peuples inſenſés rougiſſent d'écouter l'inſtinct commun de la Nature, & qu'ils ſe repoſent du ſoin de ce qu'ils reſſentent à des devins, qui ne rencontrent preſque jamais. Sais-tu bien, chèr Alha, que ces indications, qui nous inſtruiſent naturellement, ſont entiérement éteintes & négligées ici ? Qu'on doute de leur force & de leur vérité, quand elles ſe preſentent ? Je te jure, que je ferai en ſorte de ne jamais mourir dans ces climats. Deux animaux inſatiables obſedent dans ces dérniers momens ; le Médecin & le Sacrificateur : cette engeance vous développe tout ce qu'Hypocrate & les ſaints Pères ont de rédoubtable & de terrible. Un homme en ſanté & vértueux mourroit de frayeur des conſéquences palpables & raiſonnées qu'ils étalent. Ils arrachent tous les deux de complot à leurs foibles patients l'ame & la bourſe, & s'engraiſſent de maladies: Comment, lui dis-je, on paye donc ici ſa ſortie du monde ? Oui, me répondit-il gravement, nous chantons pour le bien de leur Ame. Et pourquoi chanter ajoutai-je ? Afin reprit-il que le Grand Eſprit ſe ſouvienne d'eux dans ſon ſaint Paradis ? Telle eſt, chèr Alha, la folie de ces Vénérables. Ils veulent apprendre à Dieu à aimer ſa créature. Ils crient à ſes oreilles, comme s'il étoit ſourd. Tu ris ſans doute des idées ſingulières de ces *Européens*. Sache cependent, qu'ils s'eſtiment plus que nous ; & qu'ils nous regardent comme des ſauvages, qui avons à peine la figure de l'humanité.

ONZIÈME LETTRE.

J'Etudie à préſent la philoſophie, ou la ſcience des amis de la ſageſſe. J'ai renvoyé il y a ſix lunes, mes deux pédagogues ; et je ſuis entre les mains d'un vénérable qui me déſole par ſes expréſſions hétéroclites. Cet homme eſt une vraye machine à raiſonnements ; il veut m'apprendre par cent régles baroques à dire en bonne logique que deux et deux font quatre. Il ne dit rien ſans le prouver, ſans quoi il croiroit être un ſot.

En vérité, cher Alha, je ne ſais ce que ces ſcientifiques prétendent faire. On vous apprend donc ici le bons ſens par régles, lui diſois-je ? Oui me répondit-il. Vous avez raiſon, ajoutai-je ; car ſans cela vous n'en auriez point du tout. Ces peuples ſentent leurs beſoins, cher Alha ; & tâchent de ſe donner par l'art, ce que la nature aparamment leur a refuſé. Il leur faut cent régles pour démêler un bon raiſonnement d'un faux. Pour nous apercevoir d'une fauſſe raiſon nous avons le ſentiment intèrieur, qui nous avertit, & qui ſuffit pour la juſteſſe de nos penſées.

Les

Les hommes & les animaux ont leurs régles fûres; les eclaircir c'eft les offufquer. Les animaux ont leur inftinct, qui ne les trompe jamais: & nous nous aurions une raifon qui jouïroit du même privilege, fi nous la laiffions à elle-même: elle nous indiqueroit fûrement les chofes, que nous devons connoître, & celles que nous devons admirer; celles qui nous intéreffent, & celles qui nous font inutiles: celles qui nous font profitables, & celles qui nous font nuifibles. Elle nous apprendroit que nous ne fommes pas faits pour approfondir nôtre fort, mais pour en jouïr: on cherche ici le mécanifme de l'univers, tandis que l'on ignore celui de l'homme.

L'Ame eft immortelle, me difoit un Sacrificateur: je lui répondis, chèr Alha, que nous n'avions jamais formé de difputes fur ces queftions inutiles, inquietes & injurieufes à l'empire du père, qui nous a faits. Mais je m'attirai parlà fa colère. Il me traita d'impie & fe mit en dépenfe de raifons & de fyftémes, pour me prouver ce que ni lui ni moi n'entendrons jamais. L'Ame, continua-t'il, eft un être fpirituel: or un être fpirituel ne peut perir; donc que l'ame ne perira jamais, donc qu'elle eft immortelle. Il me prouva que l'ame étoit fpirituelle, parce qu'elle n'étoit pas matiére. Que l'ame n'étant pas matiére, ne pouvoit perir par la diffolution des parties. Il m'étala une longue fuite d'argumens, entaffés les uns fur les autres: il ne s'apérs'apércevoit pas, qu'il se jettoit dans un Labyrinthe. Il s'agissoit par des preuves sans replique, de bien m'établir d'abord la nature de l'ame (sur laquelle il décidoit en sot) avant d'avancer plus loin ; mais il ne put jamais en venir à bout. Il put encore moins me montrer comment il étoit possible, que l'ame occupât un lieu physique, puisqu'elle est cértainement contenuë dans un corps physique, sans avoir des parties relatives. Il m'assura gravement, que l'ame étoit dans la glande pinéale, comme dans le siége des sensations. Et des animaux, qu'en penses-tu Vénérable, lui dis-je ? Oh pour eux, leur ame est matérielle, me dit-il, & c'est ce qui fait la différence distinctive & essentielle de la leur & de la nôtre. Vous êtes bien doctes, vous autres, ajoutai-je. A quoi connoissez-vous donc cela dans les bêtes ; cela est clair *Chérakées* ; je cru que c'étoit là le point, où il alloit briller, mais il ne me dit pas une raison, pour me prouver la matérialité de l'ame des bêtes, qu'on ne pût retorquer sur le champ contre la spiritualité de l'ame des hommes. Je fus plus loin : cet homme m'échauffoit le sang, en me citant ses Vénérables comme des garants infaillibles, & je lui prouvai par ses propres armes, que les bêtes avoient des ames immortelles. En vérité, chèr Alha, tous ses raisonnements prouvoient également en faveur des bêtes l'immortalité, qu'il réservoit à l'homme seul. C'est ainsi que leur

orgueil

orgueil les aveugle, à force de raiſonner ils ne ſavent plus où ils en ſont. Ils ſemblent connoître parfaitement la différence & l'eſſence de ces deux principes, qui font mouvoir les humains & les animaux ; ils poſent pour fondement de leurs preuves la nature de l'ame, qu'ils ignorent ; & raiſonnent à bon compte ſans ſavoir où ils vont. Mon ſacrificateur m'ota ſon grand chapeau de très-mauvaiſe humeur ; tira un pied dérrière l'autre, & me quitta ſans pouvoir m'aſſigner la différence qu'il y avoit entre lui & une bête. Mais ces docteurs ont beau s'eſtomaquer ; il faut qu'ils ſe reſoudent tous à la même humiliation. Je crois que la vérité la plus ſolide, dont ils ayent fait la découverte ſur ces matiéres, c'eſt que les hommes meurent comme les animaux : & qu'ils ne ſavent pas, ſi leur condition n'eſt pas égale.

DOUZIÈME LETTRE.

J'Etois hier au caffé ſelon l'uſage de ces peuples. Deux philoſophes a côté de moi diſputoient ſur la figure de la terre. Elle eſt platte des deux côtés diſoit l'un, elle eſt de la taille d'un melon, diſoit l'autre ; & là-deſſus la diſpute s'échauffa. J'écoutai attentivement, & j'éſpérois en voir la ſolution claire ; mais je fus fort ſurpris de m'apercevoir, qu'ils raiſonnoient ſur des ſuppoſitions, & ſans fondement ſolide : auſſi n'éclaircirent-ils rien. Ils n'en ſavent au fond pas plus que nous, chèr Alha, & la ſeule démangéaiſon de conteſter les occupe ſérieuſement à des inutilités. Dans l'impoſſibilité où ils ſont de s'aſſurer des vérités de la Nature, ils ſe repaiſſent de vraiſemblance. Cette nourriture eſt légère pour un eſprit ſolide, elle eſt même déſagréable, parce que rien ne peut plaire que le vrai : mais la ravir à ces nations, ce ſeroit leur ôter le plaiſir de s'imaginer, qu'ils valent beaucoup mieux que les peuples, qui ne font pas leurs recherches. Une vraiſemblance ſuffit ici pour immortaliſer. Deſcartes, Newton, Copernic, Galilée, Gaſſendi, Mallebranche ſont des hommes beaucoup au deſſus des autres. Sais-tu pourquoi, cher Alha ? c'eſt que l'on croit, qu'ils ont trouvé quelque choſe, qui n'eſt ni vérité conſtante, ni menſonge averé. Je t'avouerai cependant, que leur ſcience des calculs, de géométrie, & en général des Mathématiques, eſt bien admirable. Ils devroient tous ne s'appliquer qu'à elle, & laiſſer le monde tel qu'il eſt. Croirois-tu qu'à l'œil ils meſurent des eſpaces conſidérables avec une exactitude ſurprénante. Ils ſavent d'un coup de plume eclaircir les nombres les plus confus. Ils ont tellement obſervé les elemens, qu'ils ſavent le poids & le volume qu'il faut leur oppoſer, afin qu'il en reſulte un effet juſte & précis. Leur Chimie & leur Mécanique m'ont paru longtems une magie : ils ont trouvé le ſécret d'imiter le tonnère des cieux, & de le faire partir à leur volonté.

volonté. Par le moyen d'une certaine poudre noire, ils brisent les rochers, & font entrouvrir la terre. Je ne doute pas, que s'ils vouloient, ils ne pussent à la fin détruire le monde : mais leur intérêt commun les retient. Ils se servent de ces foudres dans leurs guerres, & rien ne peut résister au fer enflammé, qu'ils lancent contre leurs ennemis. Que nos déserts sont heureux d'avoir des mers immenses, qui leurs servent de barrières ! Conjure le Grand Esprit de faire en sorte que ces peuples restent chez eux, & que jamais ils ne prétendent nous faire leurs esclaves. Je frémis en t'écrivant cher Alha ; il vaudroit bien mieux compter sur nos droits nos flêches, nos animaux, & nos poissons, que d'apprendre leurs sécrets prodigieux, en exposant nos aziles à des maux infinis. Je remercie nos vénérables des peaux qu'ils m'ont envoyées : elles sont prétieuses & belles : je les ai troquées pour de l'argent. C'est une grande commodité d'avoir tout ce que l'on veut avec ce métal. Ces nations se sont accordées à croire, qu'il valoit autant que toutes les choses de la vie, en sorte que l'echange est facile. Si nous pouvions en faire autant d'un coquillage, ou d'une écaille de poisson, & que nos Vaillans y consentissent, je crois que nous serions aussi avancés que ces Européens. Que nous importe de la réalité du prix d'une chose, qui seroit acceptée dans nos climats sur le même pié. On peut y mettre l'estimation que l'on veut, & s'en servir après très-utilement. Ah !

cher Alha ! je ſens que je perds de mon ancienne ſimplicité, & que je te conſeille l'iniquité, qui régne ici. A force de converſer avec ces nations, on en prend le faux & les imaginations. Je me ſouviens qu'un Italien me propoſoit un jour ce projet extravagant, lorſque je m'entretenois avec lui de notre commerce. La honte de ma faute m'empêche de t'en dire d'avantage. Je m'apperçois, que j'ai beſoin d'efforts continuels pour me garantir des preſtiges qui me menacent. Ne ſouffre pas, je t'en conjure, le moindre affoibliſſement dans mon cœur ; & ſi par malheur je me corrompois, laiſſe moi mourir malheureux, & ſans ſecours dans ces climats ; ou prépare contre moi les flêches de nos illuſtres.

TREIZIÈME LETTRE.

LA Philoſophie n'eſt-elle pas pour tous les hommes ? Ne doit-elle paroitre à leurs yeux que comme une ombre impoſante & impénétrable ? Les pédants craignent-ils, diſois-je à mon vénérable, qu'on ne devine ce que c'eſt qu'un paralogiſme, comme un médecin tremble qu'on ne divulge le ſécret d'un apoſéme, ou d'un opiat ? c'eſt l'étiquete de tes ſavans d'être inintelligibles au reſte des mortels. Tes anciens Sages ont fait un art, dont les termes inuſités au vulgaire ſemblent vouloir le ſéparer du ſens commun. Les modernes

les

les ſuivent. Si tu me demande pourquoi, mon cher Alha? c'eſt qu'ils ſe ſuccédent. Tout homme peut raiſonner juſte; être judicieux, avoir l'expérimental de la phyſique ſans être Philoſophe.

Veux-tu, cher Alha, en ſavoir la raiſon, c'eſt qu'il ignore les cathégories d'Ariſtote, les différents noms des idées qu'il met en uſage; c'eſt qu'il ignore les propoſitions & leurs converſions: c'eſt qu'il forme des raiſonnements ſans les figures des ſillogiſmes, & ſans autre méthode que le principe intérieur, ſur lequel on inventa les noms de ſynthetique & d'analitique: c'eſt qu'il parle ſolidement des êtres & des eſprits, ſans ontologie & ſans pneumatologie, c'eſt enfin, parcequ'il ſoutient, que les effets de l'aimant par exemple lui ſont plus connus, que les principes de ces effets ne le furent à Ariſtote, à Deſcartes & à Newton. La raiſon eſt née libre: elle ſe gouverne: elle agit: elle connoit: elle reſoud les difficultés de ſon reſſort ſans autre art que celui que lui fournit ſon propre fond. Suer pour faire un raiſonnement juſte, telle eſt, cher Alha, la ſtupidité ou plutôt la folie de ces Vénérables. J'ai actuellement entre mes mains un vocabulaire redoutable de termes abſtraits & de définitions philoſophiques. Je tremble en l'ouvrant: c'eſt ainſi que j'apelle les cayers, que mon pédagogue ſe fatigue à m'expliquer. Faut-il s'étonner, s'il leur faut des années entières pour apprendre des choſes, qu'ils ſavoient beaucoup plus clairement avant de s'être égarés dans ce cahos énorme.

C'eſt

C'eſt ainſi qu'ils enveloppent leurs prétendues vérités. Hélas! cher Alha! la vérité ne parle-t-elle pas à tous les Peuples ſans ambages & ſans myſtères! Elle nous en dit aſſez pour être heureux, ſans vouloir la forcer à nous en dire davantage. Je commence à me défier d'une vérité, qui n'eſt pas faite pour tous les hommes. L'envélopper, c'eſt lui donner un caractère d'avarice, qu'elle n'eut jamais. La faire dépendre du caprice d'Ariſtote ou de Mallebranche, c'eſt lui donner des maîtres, qu'elle enſeigna comme tous les autres, & qui n'ont pas toujours été dociles à ſes leçons.

Ces vénérables ont certains lieux, & une eſpèce d'hommes conſacrés à ces Théatres de diſcordes puériles, où la raiſon eſt à la torture, & où le bon ſens gemit ſous le joug des clameurs & des diſtinctions, que la chicane ſemble avoir enfantées, pour ſervir d'azile & de déffenſe à un grave ſot. Rien de plus dangereux, même ſelon les principes de leur religion, que de faire entrevoir la vérité à l'homme, avec la ſuite ténébreuſe du cahos de la diſpute. Les jeunes eſprits, pleins de ce feu impatiant, qui accompagne leur âge, s'imaginent aiſément à force de combattre tout, qu'il n'eſt rien qui ne puiſſe être ſoumis à leurs efforts curieux; auſſi les plus habiles de leurs docteurs penſent-ils à la fin comme nos *Chérakées*, après s'être conſumé d'études. Ces jeunes cœurs exigent de la vérité ce qu'elle ne voulut jamais manifeſter aux hommes, & s'irritent de ſes juſtes bornes. On veut ſup-

ſuppléer à la lumière en devinant, & c'eſt ce que fait preſque toute la phyſique. Ils ſe vantent d'aimer la vérité. Des amateurs turbulents, accablés de préjugès, ſont-ils bien capables, mon cher Alha, de la chercher & de la connoître? queſt-ce que leur Philoſophie? Si non un amas pompeux de queſtions qu'on ne términe jamais. Que deviennent ces éloges à perte de vue, quand on vient à en faire l'Anatomie? diſons, cher Alha, que c'eſt un grand déſſein, mais en vérité bien mal éxécuté. Quel eſt le Philoſophe entouſiaſmé, qui ne croye avoir obligation à ſa Logique ſcholaſtique de l'évidence & de la vérité de ſes idées, de ſes jugemens, & de ſes raiſonnements méthodiques; comme ſi ſans ces fadaiſes nous autres Chérakées ne penſions pas auſſi bien qu'eux. Je poſe en fait, que dans la métaphyſique, il n'y a pas deux concluſions un peu intéreſſantes, que l'on puiſſe regarder comme certaines. Je ne parle pas de celles, qui ſont peu nécéſſaires au ſens commun, que la ſeule démangéaiſon de mettre quelque choſe en avant a inventées, & dont la clarté ſupérfluë ne nous avance de rien. La morale eſt une copie enflée de la loi naturelle. Les hommes ont beau faire. Quel eſt le Légiſlateur, qui a ſçu corriger un ſeul vice? Les grands Egyptiens, les grands Athéniens, les grands Romains, les grands Chrêtiens n'ont pas l'obligation à leurs loix poſitives de les avoir faits meilleurs, mais au ſentiments ſublimes & naturels du cœur.

Que

Que de raisonnements depuis la durée du monde! On pourroit en faire une très-courte réduction pour s'en tenir au vrai. Une aussi longue expérience auroit dû nous instruire. De savoir ce que je suis, c'est ce qui m'intéresse le plus, & néanmoins c'est ce qu'on n'a pu encore comprendre. Cinq cens sillogismes ne me prouveront jamais, que je n'existe pas; la difficulté consiste à me développer moi-même à moi-même. Mais il est étrange, que l'obscurité commence à se répandre si-tôt que je réflechis sur moi. Concluons que nous ne sommes pas faits pour pénetrer ce que nous sommes; qu'ai-je donc affaire de connoître tout le reste, si je ne me connois pas moi-même. L'impossibilité de cette connoissance de la nature me prouve sans réplique une impossibilité universelle; & pour peu que nous réflechissions, nous verrons que nous ne connoissons de tout ce qui nous environne, qu'autant que nous en avons besoin; & en la même mésure que nous nous connoissons nous-mêmes.

Console-toi, cher Alha, nous ne perdons rien à n'être pas Philosophes à la mode de ces peuples. Ces Docteurs sont plus capables de gâter un esprit solide, que de l'éclairer. Je connois ici de bons esprits d'ailleurs, à qui la fureur de ces disputes a renversé le sens. On parloit avant avec eux, mais à présent il est impossible sur quelque matière que ce soit, de leur dire deux mots de suite, sans des contéstations insupportables.

QUATORZIÈME LETTRE.

D'Où vient, disois-je, à un Juif êtes vous détestés de tous les peuples : pas un des étrangers, que je connois ici, ne vous aime ? Les enfans n'aiment pas ordinairement leurs Pédagogues reprit le Rabin. Tu vois ces barbares : ils ne connoissoient pas le Grand Esprit, & c'est nous qui leur avons appris la vérité. Ils adoreroient encore sans nous de la pièrre & du bois. Bon, tu te moques, lui dis-je? Ces peuples n'ont jamais adoré que le Grand Esprit dans ses ouvrages.

Dès le commencement du monde, ajouta-t-il, nous sommes le seul peuple de Dieu. Mais penses-tu, Rabin, lui répondis-je, que nos *Chérakées* n'ayent pas été ses amis ? Non, dit-il, c'est à nous seuls, qu'il a parlé. Que dis-tu donc Rabin, ne parle-t'il pas à tous les hommes ? Nos Pères n'ont jamais adoré que lui : tu te trompes *Chérakées* continua le Disciple de la Synagogue, il n'a parlé bouche à bouche qu'à Moyse. Et que lui a-t'il dit, Vénérable, lui demandai-je ? D'apprendre aux hommes à l'aimer, & à ne pas faire à autrui, ce que nous ne voudrions pas qu'on nous fit. C'est là l'abregé des tables de ta Loi ? Dans nos climats, nous en savons tout autant, & nous le pratiquons. Pour toi, Rabin, tu crois pouvoir en conscience voler & tromper les gentils, par l'usure & par les rapines. Apelles-tu religion le ramas extravagant de tes su-

 perstitions

perſtitions. Où Dieu a-t'il déffendu aux hommes l'uſage des créatures ? Où leur a-t'il ordonné ces abſolutions, & ces cérémonies, que tu obſerves. Crois moi Rabin, c'eſt une pure invention de ton, Moyſe.

Tes Pères étoient des ſtupides, qu'il a conduits comme Numa les Romains, par le mérveilleux. Quoi ! vous étes aſſez fous pour croire que Dieu s'eſt laſſé d'être adoré par la Religion Naturelle, & que ce prémier ordre qu'il a établi d'abord, en mettant dans nos cœurs des diſpoſitions ſûres, ſimples, & invariables, lui a paru peu digne de ſa prudence. N'a-t'il donc pas bien conſulté ſon ouvrage en le formant, pour s'y reprendre à pluſieurs fois & s'il eſt vrai, comme tu le dis, qu'il a ajouté à ſa prémière loi une ſeconde, nous devrions en ſavoir quelque choſe ; nous ſommes ſes créatures, & ce Père, qui nous parle, non pas bouche à bouche, comme tu t'en vantes follement, mais aux yeux & aux cœurs, nous auroit donné à nous, & à tous les peuples de l'horreur pour le cochon & un inſtinct ſûr pour éxécuter tes cérémonies. Je te jure, Rabin, qu'il ne nous en a pas dit un mot dans nos déſerts. Le Dieu de Moye eſt-il différent du nôtre ? Sa voix eſt conſtante & invariable. Nos Pères l'ont entendu & nous l'entendons encore. Jamais dans nos déſerts elle ne nous a inſtruit de rien de nouveau, jamais aucun de nos Vénérables ne s'eſt cru extraordinairement illuminé : nous ſommes

mes aussi anciens, que tes ancêtres sur la terre, & tes Pères ne me paroissent pas plus éclairés que les miens.

Examine tes fables Mosaïques ; ton Moyse prétend écrire deux mille ans après la création du monde ; il imagine des hommes qui ont vécu des sept & neuf cens ans. Il nomme familièrement le nom du prémier homme ; il fait la généalogie de ses déscendans en faveur de sa nation. Il raconte jour par jour ce que Dieu a fait avant qu'il y eut d'hommes sur la terre, & par conséquent des témoins de qui il puisse tenir ces circonstances. Il répresente Dieu comme un ouvrier impuissant, qui pour voir clair à son ouvrage, & pour éviter la confusion, le partage en différentes tâches, & qui se repose le septième jour. C'est encore pour éternisér cette idée basse & puèrile, qu'il vous deffend de rien fair dans le Sabat.

Rabin, si les Patriarches ont vécu neuf cens ans, ceux des Egyptiens étoient leurs contemporains, & ont dû vivre autant. Il n'y avoit pas plus de chemin de Pharaon à Adam, que d'Adam à Moyse : tu conviens de leur sagesse, & de leur science ; & tu les vois les contradicteurs de Moyse : ils devoient cependant avoir hérité de leurs Pères les mêmes notions ; ils étoient les uns & les autres les témoins du monde ; cependant les uns disoint blanc & les autres noir.

De quoi s'eſt aviſé Moyſe de ne faire créer à Dieu qu'une homme & une femme, dont il nous fait tous déſcendre ? Dieu peuple la terre d'animaux d'une ſeule parole; pourquoi s'eſt-il imaginé qu'il n'en avoit pas fait autant des hommes. Le Monde, Rabin, ſelon tes calculs, a duré près de ſix mille ans, ſans qu'on ait pénétré dans nos déſerts, que des diſtances immenſes ſéparent de vos climats. Sans l'invention de la navigation nous nous ſerions pérſuadés comme vous, d'être les ſeuls habitans de la terre. Nous ſommes auſſi anciens, que les étoiles & nos rochers; & nous ne pouvons pas cértainement tirer notre origine de ton Adam. Quelles fadaiſes de ton Moyſe! Sa formation de la femme eſt une idée digne d'un impoſteur ſans eſprit : les Androgines & les pièrres de Ducalion valent bien le conte de la côte. Moyſe fait promener Dieu au frais, comme ton Talmud le fait le maître d'école des enfans morts-nés. Il introduit cet être immuable faiſant déffenſe à Adam de manger d'un fruit du Paradis térreſtre; il fait parler un Sérpent, comme l'Ane parle ailleurs dans tes Livres.

Il fait paroitre le Créateur comme un Père barbare, qui prévoit qu'en mettant un couteau entre les mains de ſes enfans, ils ſe tueront infailliblement, & qui ne laiſſe pas de le leur donner. Il imagine le Diable & le péché : de l'état naturel de l'homme il en fait une punition; il veut te pérſuader, que ſans ce repas fatal à l'humanité, la

terre

terre n'auroit pas eu de ronſes, que les femmes ſeroient accouchées ſans douleur, & que nous ſerions reſtés immortels. Nos Pères, qui n'ont cértainement pas mordu la pomme, ne meurent-ils pas? Nos femmes accouchent-elles, comme les Chrêtiens diſent que *Marie* eſt accouchée de *Chriſt*? Va, Rabin, ton Moyſe me fait pitié. Si je voulois faire l'inſpiré, je m'y prendrois mieux que lui. Nos Sérpents ne ſont pas de la race des vôtres: aucun de leurs Grands-Pères n'a parlé à Eve, & je te jure qu'ils rampent à terre tout comme ici. Ramper c'eſt leur condition, & non pas une peine impoſée à ces animaux en conſéquence de la tentation de la femme.

Où Moyſe va-t'il imaginer un être aſſez puiſſant pour s'oppoſer à la tendre prévoyance du Père de la Nature. Le Démon fait un miracle pour ſéduire l'homme: il fait parler le Sérpent; Dieu le voit ſans agir à ſon tour, & laiſſe la victoire à ſon ennemi. La fureur de cet être rival fut donc plus puiſſante que l'amour de ton auteur? Voilà, Rabin, les blaſphêmes qu'enfantent tes Livres fanatiques. Telle eſt, cher Alha, la convérſation, que j'ai eu avec cet Iſraëlite. Ces peuples ſont yvres de leurs folies. Choiſis à préſent ou la religion ſimple, ſublime, & raiſonnable de nos Pères, ou celle de ce Juif.

QUINZIÈME LETTRE.

LES Chrêtiens, cher Alha, croyent à toutes les hiſtoires de Moyſe; mais ils y en ajoutent bien d'autres mérveilleuſes. Ils croyent que *Jéſus* eſt le Grand Eſprit lui-même, qui s'eſt fait homme pour apprendre aux hommes le vrai bonheur; pour leur donner l'exemple de la ſainteté: pour devenir la victime par ſa mort, & pour les racheter des ſupplices éternels, auxquels ils ſont tous condamnés, à cauſe du péché de leur prémier Père.

En vérité, Diſciple de *Chriſt*, diſois-je à un de leurs Sacrificateurs, tu fais punir les enfans pour une faute qu'ils n'ont pas faite. Tu fais de Dieu un être bien peu clairvoyant, ou bien impuiſſant. Tu le fais mourir pour ſa créature; dis plutôt que tu lui fais expier ſon imprudence & ſon indifférence pour les enfans qu'il forma, & qu'il mit au Paradis de la terre. Tu conviens qu'il étoit le maître de les préſerver de la déſobéiſſance, où ils ſe ſont précipités, en goûtant de la pomme, & tu m'aſſures qu'il ne l'a pas fait. Tu me le répreſente donc, comme un Père dénaturé: un moment après ton Dieu s'irrite contre ſes enfans, il les noye preſque tous dans les eaux du déluge: & tu veux que ſous ces couleurs horribles nous le concevions.

Enfin il vient mourir pour eux: qui ne croiroit qu'à ce coup il réuſſira pour le ſalut de tous? point

point du tout. Tu me dis que presque personne ne sera sauvé de ton enfer. Quel théatre sanglant viens tu mettre sous nos yeux indignés ! quel Dieu plus extravagant ? quel Père plus digne de l'horreur de ses enfans. Tu me le montre comme un Dieu, qui veut nous rendre heureux, & qui n'en peut venir à bout ; comme un Dieu qui se donne mille soins & mille mouvemens inutiles ; comme un avare, seul heureux ; & un capricieux, qui n'accorde par un choix bizzare le bonheur qu'à quelques hommes, tandis que d'un simple mouvement de sa volonté, il peut les sauver tous.

Tu prétens, qu'il étoit raisonnable, qu'il exposa l'homme au danger d'être prévaricateur ? danger si évident à ses yeux, qui voyent tout, que c'étoit plutôt à en juger sainement une perte sûre & prévue, avec une pleine connoissance de cause. Quelle gloire prétendoit-il en tirer, ton Dieu barbare ?

Tu dis, afin de justifier ton arbre de vie & de mort, de la science du bien & du mal, qu'il lui falloit une hommage libre ? Ah ! Sacrificateur, que tu ès aveugle dans tes principes ? Crois-tu qu'on soit libre de ne le pas aimer, ce Père qui ravit nos cœurs ? jamais un Dieu aussi aimable, a-t'il pu former des créatures libres de ne l'aimer pas ? Un culte libre est impossible sous son empire ; cette nécessité fait sa gloire. Que tes idées, Sacrificateur, sont basses ! lui disois-je. Que tu connois bien peu le maître du monde : que je te plains de te voir nager dans un Océan de questions frivoles !

voles ! Dieu a pu agir autrement, mais ajoutes-tu enfin, il ne l'a pas voulu. Qui te l'a dit aveugle mortel ? Tu me peint en deux mots le Dieu cruel de Moyse, & non le Grand Esprit. L'image que tu m'en fais, toute raisonnée quelle paroit à tes yeux louches, est plus monstrueuse en effet, que celle que les idolatres s'en formoient. Dis moi, Disciple de *Christ*, n'adores-tu pas chaque attribut de Dieu ? Ne m'assures-tu pas que chaque attribut est Dieu lui-même. Voilà ce que faisoient & ce que pensoient les Payens. Ils se répresentoient tout cela par des emblèmes & des figures, afin de donner à entendre l'Invisible aux yeux des petiples. Porphire a justifié ce culte, qui faisoit horreur à tes Pères. Non, Sacrificateur, les Romains & les Grecs n'ont jamais poussé leurs extravagances si loin que vous.

Tu veux, que je croye que trois Dieux n'en fassent qu'un ! Que Dieu le Fils s'est fait homme sans l'opération ordinaire : que ses miracles, sa mission, sa résurrection sont vrais, quoique démentis par un peuple entier, qui pérsévére sous tes yeux, qui l'a vû naître & mourir, & qui doit mieux connoître ses Prophéties que des étrangers, qui les expliquent à leur mode ! Intéressés à reconnoître un Méssie, pour se faire valoir au-dessus des peuples, ils aiment mieux vivre dans l'ignominie, que de reconnoître ton *Christ* pour tel, quoi qu'il soit de leur nation.

Tu veux que je croye un péché fabuleux, qui

damne

damne à leur insçu presque tous les hommes : la mort d'un Dieu, qui vient le réparer, ou plutôt qui ne répare rien. Je voudrois bien te demander ce qu'il est venu faire ton Méssie. Avant tous les tems (car tu en conviens) Dieu le Père n'a-t'il pas choisis ses élus ? Ne les a-t'il pas choisis par conséquent avant le péché d'Adam, & l'incarnation du Fils du Grand Esprit ; mystère qui fut selon toi la suite miséricordieuse du grand *malheur*, qui arriva par une *pomme*. Qu'avoit-il affaire d'envoyer son Fils pour vérser son Sang inutilement ? Ceux que le Père avoit prédestinés auroient toujours été sauvés ; car pour les autres ils ne le seront jamais. Le Père, me dis-tu, Sacrificateur, les a donnés au Fils ? Ils étoient donc au Père par son choix, avant qu'ils fussent au Fils par sa mort. Conviens donc dans tes principes que si le *Christ* est mort pour les élus, ce n'a pas été par nécessité absoluë pour leur salut, que le Père avoit déjà résolu. Ils étoient à vous, mon Père, dit ton Méssie lui-même, & vous me les avez donnés ; or personne ne peut ôter au Père ce qu'il a dans ses mains. Donc qu'il n'y avoit rien à craindre pour les élus, quand le *Christ* même ne seroit pas venu. Mais ton Dieu se plait au carnage. Lui-même il allume l'enfer contre des coupables, qu'il auroit pû préserver.

Tu enseignes gravement, que ton *Christ* se fait manger à mille pérsonnes à la fois. Que la matiére du pain eſt détruite par tes myſtérieuſes paroles. Dis-moi, Sacrificateur, as-tu du ſens de me montrer dans la multiplication des pains une preuve de cette multiplication de préſence d'un même homme à mille endroits à la fois. Voilà des millions de *Chriſt*, & des Dieux plus nombreux que tous ceux du Paganiſme. Tu donne à l'humanité une immenſité divine, contre les principes de ta foi, qui te dit, que la nature humaine en *Chriſt* eſt bornée, & qu'il n'eſt pas partout, entant qu'homme, mais ſeulement entant que *Chriſt* eſt Dieu. Dieu peut-il faire un baton, ſans deux bouts: c'eſt un proverbe uſité chez vous autres? Non, ſans doute, Or je te demande comment tu conçois la matiére ſans extenſion? Si l'extenſion n'eſt pas la différence eſſentielle de la matiére, je te défie dans tes principes de me mettre de la différence entre la matiére & l'eſprit. L'Ame à ce prix pourra auſſi être matiére. Tu prouves ſa ſpiritualité parce qu'elle eſt ſans extenſion; mais ſi la matiére peut être ſans extenſion, comme tu le crois dans l'Euchariſtie, l'Ame pourra être matiére. Or s'il ne répugne pas que l'Ame qui penſe puiſſe être matiére, il ne répugne donc pas que la matiére puiſſe penſer. Si la matiére peut penſer, donc que la matiére peut régler & ordonner avec réflexion. Si la matiére peut ordonner avec réflexion, elle a pu mettre de l'ordre dans ſes parties. Si elle a pu mettre de l'ordre dans les

parties,

parties, elle a pu former le monde ; & de conſéquences en conſéquences elle te conduit à la reconnoître pour Dieu. De plus, la matiére eſt tellement infinie, que je te défie, Sacrificateur, de me donner un térme au de-là de ce que tu conçois de l'univers. Tes fous ont inventé les éſpaces imaginaires ; or ces éſpaces imaginaires ne ſont pas un lieu, & toute la matiére ſeroit ſans lieu & dans le rien, ce qui eſt impoſſible. Choiſis donc, ou d'admettre la poſſibilité de ces conſéquences, ou de convenir de l'impoſſibilité de l'Euchariſtie.

Tu ſeras damné, me dit ce Sacrificateur : le Diable te poſſède. Que veux-tu dire lui repondis-je ? Qu'eſt-ce que le Diable ? Nous ne l'avons jamais connu dans nos déſerts. C'eſt l'Eſprit Tentateur, me dit-il, c'eſt la Bête, c'eſt l'ancien Sérpent ; & me cita toutes les qualités, que l'Apocalypſe lui donne. Et l'Enfer, ajoutai-je, qu'en dis-tu ? C'eſt un lieu, répliqua le Vénérable, où toi & tous ceux qui ne penſent pas comme nos Docteurs, ſeront brulés. Tu m'ennuye par tes fadaiſes, Sacrificateur, lui répondis-je. Je lui tournai le dos, & m'en allai ſouper chez un Illuſtre, auſſi *Chérakées* que toi & moi. Ces Peuples, cher Alha, ſont inſoutenables dans la diſpute. Je fuis les Vénérables pour ma propre tranquilité, ils ne ſavent ce qu'ils diſent. Ne leur parlez pas de Religion, vous leur ôtez le plus grand plaiſir de la vie ; on les voit d'un air magiſtral, toujours prêts à confondre par raiſonnemens le genre humain. Mon Sacrificateur m'a menacé d'une Ambaſſade de ſes Docteurs ; mais je te jure, cher Alha, qu'ils ne me feront pas Chrêtien. Je connois peut-être mieux qu'eux leurs livres & leurs dogmes, parce que je les regarde ſans préjugès. Que le Grand Eſprit t'affèrmiſſe de plus en plus dans ſon amour, toi, ma chère *Glé*, & mes enfans ! Qu'il ne pérmette jamais que nous nous laiſſions ſéduire aux imaginations de ces nations ténébreuſes ; & qu'il ſoit lui ſeul à jamais notre Dieu & notre Roi.

SEIXIÈME LETTRE.

JE ſuis plongé dans un chagrin ſécret, mon cher Alha ; mon Sacrificateur eſt venu avec une troupe de Vénérables dans mon habitation. Ils m'ont jetté de l'eau ſur la téte, & prétendent m'avoir fait Chrêtien. Ils m'ont marmoté d'abord je ne ſais quelles paroles, & m'ont exorciſé pour chaſſer le Diable. J'ai été m'en plaindre à mon Juif, & lui conter que je les avois laiſſés faire, en me moquant d'eux dans mon cœur ; que s'il ne falloit qu'avaler un peu de ſel, recevoir quelques goutes d'eau ſur la tête, pour être de leurs amis, qu'il n'y avoit rien que je ne fiſſe pour les obliger. Ce coquin de Rabin avoit un Turc avec lui, & nous nous promenions hors de la ville ; ils m'ont ſaiſis l'un & l'autre & m'ont circonci. En vérité, cher Alha, je crois que je ſuis fait pour avoir tous les malheurs du monde. Ce Juif pour m'adoucir, m'a dit qu'il m'aimoit trop, pour me voir plus long-tems enfant de Satan, & qu'il m'avoit fait enfant de Dieu. Mes Sacrificateurs m'en ont dit autant après leur ablution, & m'ont aſſuré que ſi Dieu me faiſoit la belle grace de mourir à préſent, j'irois droit au Ciel. Je les ai fort remercié de leurs offres, & leur ai dit que je voulois encore vivre.

Dieu vous regarde donc là, diſois-je, au Rabin, en vous faiſant entrer en Paradis ? Oui, me dit-il, ſans quoi il nous jetteroit du haut en bas dans l'Enfer. Et toi, Vénérable, ai-je dit à un Sacrificateur, pourquoi n'ès-tu pas circonci ? ton *Chriſt* l'a été & tu prétens ſuivre ſes exemples. Tu Dieu, m'a-t'il dit, ces Juifs ſont des paillards ? ce qu'ils en font c'eſt en faveur des femmes. Mais pour nous, nous ſommes chaſtes. En jurerois-tu, Sacrificateur, lui dis-je ? *Jéſus*, continua-t'il a été circonci, mais s'il eut été dans un âge plus avancé ſa modéſtie ne l'auroit pas ſouffert ? Le drôle m'avoit l'air de bien valoir un circonci ; ſon *Jéſus* & ſon Evangile ne l'inquiétoient pas beaucoup. Je n'eus garde de lui conter mon avanture. Il me plaiſoit par ſa façon franche. Que tu ès malheureux, lui dis-je, de n'avoir point de femme. Tu te moques *Igli*, me répondit-il ? j'en ai une charmante. Ma loi le déffend, mais néceſſité n'a point de loi. C'eſt un un principe de nos Docteurs. Je n'en suis pas moins chaste d'ailleurs pour cela. Je ne me suis pas fait moi-même jeune Sacrificateur, je ne savois ce que c'étoit ; mais de là en avant tout cela s'est découvert ; un Médecin m'a dit, que c'étoit dommage & que j'aurois dû me marier : que les droits de l'humanité étoient triples chez moi, & que si je n'y mettois ordre, je pourrois bien en mourir : en sorte, lui dis-je, que tu n'as pas voulu mourir ? non ventre-debout, me répondit-il, le joug de *Christ* est suave & son fardeau léger. Moyennant cela je fais mon salut, & vis comme un ange. Je suis paisible, & ne fais tort à ame qui vive. Mais pourquoi, ajoutai-je, Sacrificateur, tes Vénérables font-ils une loi générale & sans éxcéption ? ne vois-tu pas, *Igli*, que c'étoient des vieillards de mauvaise humeur, qui ont voulu nous déffendre le cas dont ils faisoient pénitence ? Sur cela on nous aborda : je le quittai ; je retournai chez ma maîtresse ; me mis au lit : elle vint, & dans ses beaux yeux je lisois les prières que nous faisons au Grand Esprit. Qu'elle est charmante, mon cher Alha, qu'elle est aimable, qu'elle est belle ! Elle me trompe, & je la trompe aussi ; mais je l'aime épérdûment. Je donnerois ma vie pour elle, & la volage ne fait que me prêter son cœur. Ma tendresse pour *Glé* n'est pas si sensible, mais elle est plus éffective. Je sens que dans mon amour il y a tous ces dégrès. Que tu me consoles de me mander, que mon épouse & sœur pense à son frère & époux mille

mille fois le jour! Témoigne-lui mes ardeurs pour elle.

DIX-SEPTIÈME LETTRE.

QU'EST-ce que ton Diable, disois-je ces jours passés à un Sacrificateur? il me fit tranquillement sa généalogie: & m'assura que le Grand Esprit avoit avant le monde créé une infinité d'esprits sans corps. Que ces esprits, comme ces nations, avoient des rangs & des conditions différentes. Que leur Roi & le plus sublime étoit Satan, qu'on appelle Diable par excellence; qui pour s'être égalé à Dieu fut précipité du ciel. Les Anges, fidèles au Grand Esprit, me disoit ce Sacrificateur, livrèrent ce fameux combat dans les éspaces imaginaires, c'est-à-dire dans ces plaines de néant, qui précédoient la formation de la matiére, où Michel, Général de Dieu, fut vainqueur. La bataille, ajoutoit-il, fut longue & opiniatre, mais enfin le Grand Esprit remporta la victoire. Qui t'a donc appris ces particularités, lui dis-je? ce sont nos Inspirés, me dit-il, qui dans leurs visions ont déclaré aux hommes mille belles choses, qu'ils ne savoient pas. Tu crois donc, Sacrificateur, que Dieu n'a pas tout exprimé dès le commencement, & que les hommes ne peuvent se passer de tes visionnaires? tu crois que Dieu auroit fait une grande sottise, s'il eut laissé aller ses enfans

fans ſans les endocumenter de nouveau. Tu crois que ſans ſes notions ſingulières les hommes iront au Diable ? mais Sacrificateur, nous ne le connoiſſons pas ce Diable, & nos *Chérakées* n'ont jamais imaginé ſous un Dieu Père des créatures rébelles & malheureuſes. Tu me fais une hiſtoire : mais nous autres nous nous en tenons pour en juger aux principes fondamentaux de la raiſon. No ſommes pérſuadés, que l'amour que nous avons pour nos enfans, n'eſt qu'une copie imparfaite & impuiſſante de celui, que le Grand Eſprit a pour ſes créatures : Qu'une créature malheureuſe eſt impoſſible dans la maiſon d'un Pè e tout-puiſſant. Tes dogmes font injure à la divinité.

Mais, ajoutai-je, Sacrificateur, ton Diable eſt un grand Seigneur. Tu lui fais partager l'Univers avec le Créateur du monde. Il a une puiſſance, qu'un Dieu plein d'amour ne peut empêcher. Il ne peut attaquer Dieu lui-même ; il s'en prend à ſes enfans, & à ſon ouvrage ; il en fait ſes eſclaves ; il les ſoumet à ſon empire avec plus de facilité, que le Roi du Ciel ne les ſoumet au ſien. Preſque tous, ſelon tes dogmes, prennent le parti de Satan, & ſuivent ſes étendarts. Un être de cette éſpèce, Sacrificateur, mériteroit tes réfléxions, ſuppoſé qu'il éxiſtât. Tu le fais le diſtributeur des biens de la terre. Tu le fais le Roi du Monde. Tu lui donnes quelque connoiſſance de nos penſées, & quelque pouvoir pour les éxciter. Tes inſpirés lui donnent une étendue, qui tient de la Divinité,

Divinité. Reconnoiſſez-vous donc un Dieu bon & un Dieu mauvais ? En vérité, que veux-tu que j'en penſe, Sacrificateur ? ſelon tes idées Satan ſe ſert de la femme, & de ſes attraits pour te précipiter. C'eſt lui qui te donne la haine & l'amour dans des contre-tems, qui épie, & qui te rendent criminel : c'eſt lui qui t'inſpire l'avarice, l'orgueil, la gourmandiſe, la luxure, l'envie, la colère, & qui te préſente d'une main preſque inévitable la matiére & la cauſe de ces péchés, que tu crois damnables. Il s'inſinue dans ton ame : il y place ſon trône : il y régne, comme ſur un bien acquis par les armes. Ah ! Sacrificateur, tu devrois réfléchir davantage ſur des principes auſſi inſenſés. Que veux-tu dire encore par ton péché ? eſt-il donc deux routes, l'une bonne, l'autre mauvaiſe ? crois-tu que le Grand Eſprit nous aura réfuſé l'inſtinct d'éviter le plus grand des malheurs, tandis qu'il accorde aux animaux l'inſtinct infaillible de s'éloigner de certaines plantes pérnicieuſes, & de s'approcher des utiles ? quelle gloire tire-t'il de nos malheurs infinis ? eſt-ce pour établir la différence barbare, qu'il y a entre un être infiniment heureux & infiniment malheureux ? ſi tu avois des enfans, que tu les euſſes formés à ton gré, & que ton amour eût été tout puiſſant, aurois-tu des enfans coupables ? N'aurois-tu pas commencé par les mettre dans l'impuiſſance de ce côté-là. Que viens-tu donc nous montrer ? des loix inobſervées ? & des rébellions dignes de ſupplices éternels. Tu ès fou Sacrificateur. J'en dis autant de ton Enfer, où tu damne étérnellement les hommes. La miséricorde de Dieu n'eſt-elle pas infinie? Or une miſéricorde infinie fait grace à tous, pourvû qu'il n'y ait pas d'impoſſibilité à le faire. Repugne-t'il donc, que Dieu pardonne à tous tes coupables? non cértainement. Conclus donc qu'il fait grace à tous. Mais que feront dans ces flammes fatales tes coupables? ils s'irriteront contre leur Père, dis-tu Sacrificateur? & tu veux nous faire croire des idées auſſi éffrayantes, & auſſi cruelles. Je ſerois dans ton Enfer, que j'aimerois le Grand Eſprit. Mais de quoi le compoſe-tu ce cachot rédoutable? eſt-il dans l'Univers ou hors de l'Univers? eſt-il dans le Soleil, comme un de tes Européens ſe l'eſt imaginé. Les Etoiles ſervent-elles d'aliment à ſa flamme ſi bienfaiſante, & ſi formidable à la fois? eſt-ce là où ces aſtres tombent du ciel tour à tour, pour accomplir la prophétie de ton Evangile avant le jugement dérnier? Ses braziers ſont-ils ſeulement métaphoriques, & ſignificatifs? En vérité, Sacrificateur, tes folies ſont extrêmes, & reſſemblent mieux à des contes imaginés à plaiſir, qu'à des vérités. Juge, mon cher Alha, ſi tu voudrois troquer de religion avec ces peuples fanatiques.

DIX-HUITIEME LETTRE.

QUELLE multiplicité de Loix, diſois-je à un Vénérable ? A quoi bon ce joug inſuffiſant ? Il ne fait que des prévaricateurs. Nos *Chérakées* ne connoiſſent qu'une ſeule & unique loi dans leurs déſerts, c'eſt d'obéir à la Nature. Contrevenir à tes loix, c'eſt ce que tu appelles péché : mais Vénérable, lui diſois-je, ne vois tu pas que c'eſt la folie de tes Pères, qui a fabriqué ces liens tyranniques, & ce fantôme inutile de juſtice, que tu réſpectes. Tu crois tes loix juſtes, & tu te crois injuſte de ne les pas ſuivre. Mais éxamine de près leur origine, & tu verras ta bévuë. N'eſt-ce pas, Vénérable, que vous êtes tous enfans d'un même Père, dans ſa maiſon qui eſt le monde ? Par quel renvérſement avez-vous diviſé cette unique famille, de biens, d'intérêts & d'amour ? Cette diviſion injuſte & détéſtable eſt pourtant le fondement de tes loix, qui dès-là ſont également odieuſes. Le Père de la Nature n'eſt pas mort, & la communauté des biens ſubſiſte parmi les enfans, tant que le Téſtateur ne les a pas diviſés entre eux. Montre-moi ce Téſtament de diviſion, ou conviens de l'injuſtice & de la nullité de toutes les maximes, que vous avez introduites dans le monde. Avant de punir l'adultère, il faut punir ceux qui ont introduit la propriété des femmes. Regarde les animaux, & ils t'inſtruiront. Nous ſommes faits, Vénérable, pour uſer des choſes d'ici bas, & non pour les posséder. Dans nos déserts, pérsonne ne peut rien nous ôter, parceque nous n'avons rien. Toute la terre est en commun. Chez vous autres tout est bouleversé; chez nous tout est comme au prémier moment du monde. Il n'y a point d'envie, parcequ'il n'y a ni richesses, ni avantages à envier: il n'y a point de rapines, parceque tout ce que l'on prend est à soi. Les femmes ne sont pas la matiére de prévarications, parce que nous les prenons à notre gré, & que la Nature ne nous a préscrit de régles à cet égard, que notre tendresse & notre amour. Le Grand Esprit est de tous les objets le plus aimable, le plus doux, & le plus consolant pour nous. Nous ne savons pas même ce que c'est que de jurer, parce que notre parole est inviolable. Pour nos Pères & Mères nôtre amour est infini. Tes compatriotes, Vénérable, sont abominables. J'en ai vu un ces jours passés, qui contestoit avec son père; & vos illustres, au lieu de le faire manger vif aux bêtes, lui ont donné gain de cause. Jamais nous ne sommes en colére, que pour venger nos femmes & nos enfans; la nature nous l'ordonne.

Les animaux, Vénérable, sont les Philosophes de la terre; ils l'instruisent & te montrent au naturel ce que c'est que de n'avoir rien ajouté à la main, qui nous a tous formés. Tu nous mets à leur rang; & nous, nous te mettons toi & les tiens beaucoup au dessous.

Quel

Quel amas prodigieux d'ordonnances & de préceptes ! Tu en admire l'ordre & la ſageſſe, & moi j'en déteſte le motif. Je ne cherche pas cependant, Vénérable, à vous corriger ; il faudroit recommencer vôtre monde. Vous êtes dans l'erreur, mais vôtre erreur eſt raiſonnée. Vos loix, dans l'etat où vous êtes, ſont néceſſaires. Vos *Chefs* font bien de les déffendre & de les faire valoir. Vôtre folie eſt ſiſtématique. Vos vices mêmes ſervent à vous éguiſer l'eſprit. Nous ne ſommes ignorans, & n'avons négligé les arts, que par le mépris univerſel que nous a inſpiré la vértu héréditaire de nos rochers & de nos ſolitudes. Le luxe, le faſte, la délicateſſe, l'amour des richeſſes, l'amour du grand, du voluptueux, du parfait, vous énerve, mais excite vos éfforts & vôtre émulation. Vos conditions diverſes animent les plus laches & les plus humiliés, à parvenir aux prémiers rangs. C'eſt ainſi, Vénérable, que le Grand Eſprit montre par-tout, malgré le fanatiſme de vos climats, la bonté & la cértitude de ſes conſeils, dont nous ne pouvons jamais abuſer.

Conſole-toi, Vénérable : ta folie n'eſt pas criminelle. Tout eſt bien dans la Nature. Rien ne peut jamais, par quelques dérangemens légers & paſſagers, interrompre l'ordre établi par le Père de la Nature. Il a tout prévu ; montre moi ce que tu ès, & je ſai, ce qu'il a voulu que tu ſois. Les défauts, que je remarque chez vous,

vous, ne ſont que des modifications décidées dans l'Eſprit Créateur, qui envelope dans le déſſein de ſa création toutes les circonſtances futures de ſes créatures. Aucunes de ces circonſtances ne ſont hors de ſa volonté préciſe & détérminée. J'obſerve, que ce qu'on apelle vices chez vous, ſont les ombres de vôtre tableau. Tes avares ſont juſtes : tes voluptueux ſont doux & aimables : tes ambitieux ont l'ame noble & élevée : tes envieux ſont induſtrieux : tes orgueilleux ſont braves : tes furieux, ſont conſtans & inébranlables : ce n'eſt jamais qu'en donnant plus de force à une vértu que vous êtes vitieux. Je m'imagine enviſager les portraits de tes grands maîtres de peinture, où une obſcurité bruſque & choquante, ſi on la conſidére ſeule, fait ſortir de la toile les objets les plus raviſſans & les mieux frapés. Ainſi finit, cher Alha, la convérſation, que j'eus avec mon Vénérable. Ils ſont fous & n'ont pas d'autre maladie. Ils croyent que des fautes contre le bon ſens ſont des crimes qui leur feront ſouffrir des peines étérnelles. Quoique je les blâme, je ne ſuis pas ſi ſévére qu'ils le ſont ſur leur propre compte. Ils ſe pérſuadent toutes leurs idées d'Entouſiaſme : ils ont même des Révérends & des patétiques pérſonnages parmi eux qui ne font autre métier, que de leur prêcher ce qu'ils apellent vértus & vérités, tantôt d'une maniére términée, tantôt d'une maniére joyeuſe & affèctive, & tantôt d'un air flatteur & cir-

& circonſpect : auſſi ont-ils chez eux beaucoup d'eſprits intimidés & foibles, beaucoup d'eſprits afféctueux & ſenſibles, & beaucoup de génies équivoques, indécis ſur leurs idées, & faciles à ſe ſoumettre aux arrêts de leurs viſionaires. Les Révérends ont de quoi contenter tout le monde. Ils font aparamment leur étude de ſe transformer dans toutes les éſpéces des hommes de leurs climats. Quoi-qu'il en ſoit tout va au même but ; Chrêtiens, Juifs, Turcs ; & je ne voudrois pas leur faire leur procès pour une crédulité ridicule, pour des travers réfléchis, pour des petiteſſes annoblies, pour des viſions réſpectées, pour des vértus imaginées, pour des vices éxagerés. Je les laiſſe à tous leurs raiſonnemens, qui ne ſont pas dangereux. Qu'y a-t'il à riſquer pour un Chrêtien, qui croit que tout eſt perdu pour lui, tandis que le Grand Eſprit n'en a pas dit un ſeul mot? Qu'y a-t'il à craindre pour un Juif ? Les Anges & les Séraphins leurs bons amis ne les laiſſeront pas en chemin. Pour les Turcs, Mahomet les ſauvera tous. Ainſi tous tant qu'ils ſont, cher Alha, ils ne ſeront jamais malheureux. Le Catéchiſme de ces dérniers eſt ſingulier. Leurs ames paſſeront à la mort ſur une toile d'araignée, & celles qui ſeront trop chargeés de péchés, tomberont dans le lieu rédoutable, d'où cependant l'intime de Dieu doit à la fin les délivrer. Ces réveries, cher Alha, ſont le grand mobile de ces Peuples. Ils ſemblent

faits

faits pour être trompés. La crainte a passé en habitude ; elle est devenue nécessaire dans ces climats, accablés de préceptes inutiles, & insupportables au genre humain. La tristesse est ici accréditée & en grande considération. On la regarde presque toujours comme une preuve de sagesse. Ils admirent le *Christ*, parce qu'ils assûrent qu'il n'a jamais ri, mais qu'il a souvent pleuré. Que ces idées, cher Alha, sont surprénantes pour nous, qui ne connoissons de malheur, que celui d'être mangés par nos ennemis.

DIX-NEUVIÈME LETTRE.

QUE penses-tu, disois-je à un Juif, du *Christ*, que les Chrêtiens adorent ? Ils disent que tes Prophétes l'ont annoncé, & que tu devrois le reconnoître comme eux. Ils te traitent d'aveugle, qui porte dans ses mains les arrêts de sa condamnation. Que tu lis tes livres sans les entendre ; qu'eux seuls en ont le vrai sens ; que tes Pères étoient des pérfides, qui ont tué le Fils de Dieu. Qu'ils ont été les témoins, pendant plus de trente ans, de la vie & des miracles de ce Dieu humanisé, sans avoir voulu croire à sa mission. Que dis-tu donc, *Igli*, me répondit le Rabin ? Maudit soit, dit un de nos Inspirés, celui qui pend au bois. Veux-tu qu'après un avértissement si clair de la part de

Dieu

Dieu nous ayons de la vénération pour un *Crucifié*. Ces Chrêtiens ont imaginé mille contorsions à nos écritures. Sais-tu bien, *Chérakées*, ce qu'il font dire en ce passage au Prophéte? Que le Méssie devoit être la malédiction pour les hommes sur la croix. *Paul* a tourné toute la lettre de nos livres à des sens figurés, qu'il attribuë au Saint Esprit. C'est ainsi que la Secte des Chrétiens trouve la vie étérnelle dans la Parole de Dieu.

Nos Prophétes, continua le Rabin, nous ont promis un Méssie, mais non pas un Blasphémateur, qui ose s'égaler au Dieu d'Israël. C'est pour ce crime, que le Sanédrin l'a condamné selon la loi. Ils ne nous ont pas promis le *Fils d'un Charpentier*, qui dût soulever le Peuple contre l'autorité légitime. Un homme, qui dût faire servir la pieté, qu'il avoit apprise dans nos Livres Saints, à former une nouvelle Secte, à rendre odieux nos Docteurs. Les Chrétiens vantent ses miracles; mais Moyse nous avertit dans le Deutéronome de ne pas suivre un Prophéte, qui nous détourne de nôtre Religion. Nous devons suivre la Parole de Dieu, & non pas des Miracles, qui peuvent nous tromper. Que faisoit le *Christ* en sécret? Il inspiroit à ses Disciples de secouer le joug, que Moyse nous a donné par ordre du Dieu de Sinai. Il railloit nos obsérvateurs scrupuleux; & par cette liberté qu'il prometroit, il s'attiroit la populace toujours amie de la nouveauté. Comment, *Igli*, voudrois-tu que nous puiſſions reconnoître à cette conduite ce Méſſie, qui doit faire nôtre gloire, qui doit être nôtre Roi, étendre la Religion de Moyſe, & nous donner les Princes de la terre pour nourriciers? Tu ès encore bien éloigné de tes belles éſpérances, Rabin, lui dis-je? Car il s'en faut bien que les Monarques de ces climats ſe diſpoſent à careſſer tes Vénérables ſur leurs genous? Vois le Pontife ſouverain de Rome, s'il te donnera à têter. Va raconter à ſes Sacrificateurs tout ce que tu viens de me dire. Je m'en garderai bien, répondit-il, ces Prêtres idolatres du *Fils de Joſeph* font bruler les Enfans d'Iſraël? Et de Mahomet qu'en dis-tu, Robin? C'eſt encore un des fameux Chefs de Religion de ces climats. C'eſt un coquin, me répondit-il, qui a fait accroire à des Arabes groſſiers que l'Ange Gabriel lui parloit familièrement. Il leur a donné l'Alcoran, comme *Jéſus* l'Evangile aux Chrêtiens. Cet Alcoran eſt un amas inſenſé & confus d'idées pitoyables & ſans eſprit. L'Evangile des Chrêtiens vaut mieux. Sa morale a quelque vraiſemblance avec celle de Moyſe, de David & de Salomon. Mais, lui dis-je, Rabin, les Ottomans ſe vantent d'avoir la Religion d'Abraham & regardent Moyſe commè un homme entreprenant, qui a innové & qui a voulu faire une ſécte à part dans ſon déſert. Ils diſent que Mahomet a raſſemblé les reſtes des déſcendans de ces anciens adórateurs du Créateur du Monde, qui n'avoient point été

chargés

chargés dès le commencement de tes obsérvations Mosaïques. Ces pauvres Turcs seront donc damnés ? Oui, me dit-il, & toi & tes *Chérakées* tous les prémiers. Et pourquoi donc, Rabin ? C'est que vous ne connoissez pas Moyse. Fi donc, que veux-tu dire ? Nous serons damnés, pour n'avoir pas connu ce que nous n'avons pû connoître ? Oui, me dit-il, Dieu fait ce qu'il veut de sa créature: il a aimé Jacob & a haï Esaü, sans d'autres raisons que sa volonté toute-puissante. Est-ce à nous à juger de la conduite de ce Roi éternel ? Tu m'étonnes, Rabin, lui répondis-je ? Quoi vous seuls irez habiter la céleste Jérusalem ? Non, par Salomon, me dit-il, tu n'y ès pas encore, *Igli*. Dans nôtre petit nombre, un nombre infiniment plus petit sera sauvé, tant est grande la corruption même parmi les enfans de Dieu. Il y a de bons Israëlites, mais il y en a bien de mauvais. Tous ces mauvais iront au Diable, comme toi & tous les autres peuples.

Ton Dieu, lui dis-je, n'est pas pour être connu des hommes, puis-qu'on ne peut l'envisager, sans s'irriter contre lui. Ou il vous a choisis seuls, pour être les dépositaires de sécrets, qui n'ont nul rapport à nôtre raison & à nôtre cœur ; ou ce Dieu, dont tu parles, est un fou, qui éxige des adorations sans pouvoir être connu tel, que tu l'annonce. Ou c'est le plus détéstable de tous les Etres ; ou enfin, Rabin, tu te trompes dans

dans les idées, que toi & tes Vénérables en ont conçus. Nos Docteurs sont infaillibles, continua-t'il. Le Dieu de Sinai ordonne de mettre à mort quiconque contredira le grand Prêtre. L'Inquisition des Chrêtiens, lui dis-je, en fait autant, Rabin ; ainsi continua-t'il, tant que nous l'écoutons ce Prophéte pérpétuel, qui habite au milieu de nous, nous sommes sûrs de ne jamais nous égarer. Réfléchis à présent, & conclus, que nous n'avons pu nous tromper au Méssie. Que de conséquences, lui dis-je, pour un principe, qui ne me pérsuade pas ! dis plutôt, Rabin, que tu crois, que Dieu t'a parlé dans tes livres, qui te prouvent ces éxtravagances ; & moi, je te répondrai que ce que tu crois devroit au moins ressembler aux notions simples & pures, que le Grand Esprit, sans aucun ministère d'illuminés, a répandues dans les cœurs de tous les hommes de la terre ; que ton Dieu, Rabin, est différent du nôtre. Ou il y en a deux, ou l'un ou l'autre s'est trompé. Que ces peuples, cher Alha, me font compassion ; ils vont à l'avanture sans principes & sans raison.

VINGTIÈME LETTRE.

UN Vénérable me disoit l'autre jour, sais-tu, étranger, qu'il n'y a point de Dieu ? C'est la matiére qui est Dieu. Quelle est ta folie, lui

lui dis-je ? Tu me dis qu'il n'y a point de Dieu, & tu m'aſſure en même tems qu'il y en a un ? Tu ne m'entens pas, continua-t'il ; je prétens que le Dieu, que tu crois, eſt matiére, qui a mis de l'ordre dans le monde ; c'eſt elle qui eſt infinie, indépendante, toute puiſſante, clairvoyante. Donc que tu reconnois un Dieu lui disje. A quoi bon ces imaginations vuides de ſens ? Nous avons un prémier Auteur, c'eſt lui que nous adorons par le mouvement indéliberé du cœur. Ce prémier Auteur, ſi nous en jugeons par la profondeur de ces œuvres, eſt impénétrable. Où as-tu donc revé, Vénérable, que l'Etre, ſeul adorable, eſt de telle ou telle nature? Qu'il eſt plutôt matiére qu'eſprit ? Il eſt vrai que nous l'apellons le Grand Eſprit, parce qu'il nous parle d'une manière intelligible ſans ſe montrer ; qu'il ſait ſe faire entendre à ce qui penſe en nous ; mais nous n'avons jamais formé de queſtions puériles ſur ſon eſſence. Ne vois-tu pas, Vénérable, que quoiqu'il en ſoit de ton ſentiment ou du mien, tu vas te jetter dans une abîme rédoutable ? Tu prétens détruire le Grand Eſprit en diſant, qu'il eſt matiére, & tu te trouves obligé de donner à la matiére toute bornée & toute impuiſſante qu'elle eſt pour agir, ſi elle n'eſt remuée, tout ce que tu refuſe à une intelligence infinie, telle que nous la connoiſſons. Tu ès fou, Vénérable, de vouloir changer les impreſſions de tous les cœurs. Je le quittai

avec

avec indignation : & me tournant vers un Chrétien : quel eſt cet homme lui demandai-je ? C'eſt un Baptiſé, me répondit-il. Il eſt donc de ta Religion ? Non : mais c'eſt un *Grand Génie*. Qu'apelles tu Genie ? Eſt-ce un Ange, un Chérubin, un Séraphin, comme tes livres les apellent ? Vierge Marie, *Jéſus*, non de par Dieu dit-il. C'eſt un homme, mais un homme trop ſavant pour le malheur de nôtre Religion. Tu ès bête, Diſciple de *Jéſus*, lui dis-je ? Cet homme ne fait que conjécturer, & décider que ſes conjectures ſont des vérités. La matiére & l'eſprit ſont deux êtres incompréhenſibles, & tu vois qu'il prétend les comprendre. Il a la manie de vos climats de raiſonner ſur tout, de nier ou d'affirmer tout, ſottiſe que nos *Chérakées* n'ont jamais pratiquée. Nous voyons de l'ordre, de la ſageſſe, de l'amour dans l'univers, & nous connoiſſons ces choſes ſans comprendre la main aimable & puiſſante, qui les trace par-tout. C'eſt cette main, que nul homme ne peut voir, que nous adorons. Tous les raiſonnemens métaphyſiques de ce Vénérable me montrent ſon extravagance, & non ſa ſolidité. Il ne peut manquer de ſe perdre dans ſes idées, puiſque les objets, ſur leſquels il oſe les former, ſont impénétrables. Que veut-il dire avec ſon hazard & ſon concours d'atômes ? Si les aſtres & les hommes ont été créés par cas fortuit ; pourquoi les atômes ne produiſent-ils plus rien ? Pour-

quoi

quoi ne produisent ils pas des créatures à-demi ? Le hazard n'est pas un être, qui réfléchisse & qui puisse se préscrire des mésures dans ses opérations : & si le hazard est un fantôme aveugle, qui a mis chaque chose à sa place ? Il faut donc qu'une main invisible & non pas le hazard ait conduit les atômes. Le hazard, Disciple de Christ, est un térme pour exprimer ton ignorance. Examine tous les mouvemens d'un dés, & tu verras que ce que tu apelles hazard, est un point détérminé par les mouvemens de la main, qui le jette. Ton vénérable est forcé de donner au hazard toutes les pérféctions, qu'il réfuse au Grand Esprit. C'est donc seulement pour te faire changer de Créateur, & non pour le détruire entiérement, qu'il avance ces fadaises. Tel est le fanatisme de tous tant que vous êtes.

En vérité, cher Alha, ces peuples sont étranges. Ils courent sérieusement après l'impossible, sans s'apercevoir du ridicule de leur course. Une route différente de celle, que les hommes en naissant n'ont que faire de chercher, a beau les égarer ; ils l'admirent, & s'applaudissent d'avoir imaginé du nouveau. Ils veulent pénétrer l'impénétrable, comprendre l'incompréhensible. Les éfforts de ces cervaux foibles, mais audacieux, m'inspirent une grande pitié. Qu'ai-je affaire de déviner ce que nous ne pouvons comprendre ? Qui m'assurera que je dévine juste ? & de quoi m'avance une vérité prétendue, qui n'a pour tout appui, qu'un peut-

peut-être ? Ce que je ſuis, & ce que je ſens, n'eſt pas un peut-être. Telle eſt l'éſpèce des vérités de mon cércle. Je ne puis ſortir de-là ſans m'égarer; mais la maladie de vos climats eſt de ſurpaſſer l'homme d'un quarat, & de pleurer de ſon ſort.

C'eſt dommage, mon cher Alha, que le Grand Eſprit ne les ait pas conſulté. Il auroit donné à l'homme bien d'autres pérféctions, qu'il n'a pas. Eſt-il poſſible, me diſoit un de ces Révérends, que l'homme, ſi admirable, ſoit preſque de tous les animaux celui qui vive le moins ? Les Cerfs & les Corbeaux, animaux inutiles & ſans conſéquence, ſurvivent à l'homme. Nous vivons trop peu pour des pérſonnages importans comme nous. Qui t'a donné cet orgueil, homme inſenſé, lui dis-je ? connois-tu les raports infinis du grand tout, qui compoſe l'univers ? tu mépriſe une eſpéce de créature ſans en connoître la nature & la dignité. Les avantages que le Grand Eſprit leur a départis doivent au contraire te les rendre réſpéctables. Tu devrois conclure, que puiſqu'ils vivent plus que toi, c'eſt qu'ils ſont plus utiles que toi ſur la terre, & ſervent plus long-tems à la gloire du maître du monde. Toutes les pérféctions des animaux ſont les rivales de la fiéreté. Raſſemble les mérveilles de leurs ouvrages, & de tout ce qu'ils étalent à tes yeux éperdus, & tu verras qu'ils ne te cédent en rien ; leur ſageſſe & leur conduite eſt aſſurée. Jamais ils ne ſe démentent comme toi par mille travers. Que feroit-ce donc ſi tu liſois

dans

dans leur intérieur, & si tu connoissois le principe réspéctable, qui les fait agir d'une maniére si sublime & si juste ? ni toi ni moi, après mille raisonnemens, ne comprenons rien à tout cela. Nos *Chérakées* n'ont jamais méprisé les animaux ; ils ne rougissent pas de les manger, & de mêler leur sang avec leur sang, ce qu'ils ne voudroient pas faire avec tes Européens, de peur d'en être inféctés. Nos anciens Sages, à ce que m'a dit mon Père, ont condamné à mort tous ceux de nos compatriotes, qui avoient osé souiller leurs lévres du sang de ces nations, que nous avions vues sur nos rivages, & dont quelques hommes étoient tombés entre nos mains.

Tu t'éléve au dessus des animaux ? Pourquoi juge-tu de ce que tu ne connois pas ? C'est agir en étourdi. Occupe toi de toi-même, non pas pour en juger à fond, car tu ne le peux pas, mais pour juger de ce qui t'est sensible, & ne vas pas plus loin. Je te défie toi, & ta révérende nation, de ne pas avouer que ce sont là tes justes limites. Tu décides, tu tranches, tu juges, tu condamnes sans savoir un mot de ce que tu dis. Le soleil est ton falot, & fait venir les herbes de ton jardin ; la terre une servante, que tu foules aux piés, les animaux des machines organisées. Tu caractèrise tout à ta fantaisie, sans pouvoir m'en donner une raison solide. Tu m'affirme tout cela avec une gravité scientifique, & moi je ris de ta sottise. Songe que tu ne peux connoître réellement que très-peu de

 choses ;

choses ; que le reste de tes connoissances prétendues, qui t'enflent, n'est qu'un fantôme creux, qui se grossit à tes yeux. Reviens à ton état naturel, état de plaisir & de simplicité ; Ne réforme pas ton cœur malgré lui : il n'a jamais appris en naissant tes folies & ton entousiasme. Si tes Pédagogues ne l'effarouchoient pas, la terre seroit le Paradis, que tu as perdu. Rien dans nos déserts ne nous allarme ; rien ne nous attriste pour ne l'avoir pas compris. Les animaux ont leur district, & nous le nôtre. Nous les mangeons par amour, & non par avidité. Ils sont nos amis & nos voisins fidèles. Oui, Disciple de Christ, nous les aimons mieux que tes Européens. Tu vois, cher Alha, qu'on ne finit point avec ces fous. Tu vois combien leurs idées sont embrouillées, & leurs façons de penser confuses. Ils m'ennuyent infiniment, & je ne puis te raporter que légérement tous les discours avec lesquels ils me fatiguent.

VINGT-UNIÈME LETTRE.

J'Etois ces jours passés dans une maison de *Filles Sacrées*, que ces Européens enferment. Aparamment, mon cher Alha, qu'ils n'ont pas grande opinion de leur vértu, puisqu'ils leur donnent des barrières formidables, & inaccessibles aux humains. Un Sacrificateur benin me conduisoit en ce lieu. Je vis les plus belles filles du monde à travers de grilles

grilles impitoyables, qui se rassembloient sous mes yeux pour diminuer des attraits, qu'ils mettent en prison, disent-ils, de peur de gâter le monde par le péché. En vérité, cher Alha, si c'est se corrompre & se damner, que d'aimer ces objets innocents, ils ont raison ; car je serois à tous les Diables, si j'avois pu les voir à mon aise. Ce sont les épouses de *Christ*, disent-ils, comme si le *Christ* mort sous Ponce Pilate pouvoit avoir des femmes. En tout cas le *Pére Eternel* a de belles *Brues*. Je dis ma pensée à ce Sacrificateur, & il se mit à rire. On me passe ici bien des idées en qualité de *Chérakées*. D'ailleurs ce Sacrificateur n'étoit pas farouche. Il me parloit raison ; ces sortes de gens aiment à leur façon. Ils distinguent dans les péchés des petits & des grands ; & ce *Pater* m'a assuré confidemment, que jamais il n'avoit fait la grande coulpe. Quoi, lui dis-je, des filles aussi aimables & aussi tendres, accablées sous le joug cruel de tes rigides, ne t'attendrissent pas, Sacrificateur ? C'est là ma tentation, me dit-il, mais par la vértu de Dieu je m'en tire *bragues nettes*. Mais, ajoutai-je, que t'ont-elles dit à l'oreille pendant deux heures & plus ? Rien : quoi rien ? non. Il est vrai que je suis nommé du Pontife pour entendre l'aveu de leurs fautes; c'est la pratique de notre Sainte Religion. Par le Grand Esprit, lui dis-je, tu sais donc leur penchant, puisqu'elles se damnent en aimant les hommes ? Si tu parles en général, je te dirai quelque chose. Il est vrai, que ces pauvres filles combattent jour & nuit contre le Diable. Cet ennemi du genre humain leur envoye des suggestions délicates & dangereuses ; mais je te promets que celles que tu viens de voir, sont Saintes. C'est là le miracle des miracles de *Christ*, d'opérer par sa grace des prodiges de chasteté, malgré la Nature. Toutes les filles sont nées pour la volupté : remarque cependant *Igli*, me disoit-il, qu'elles s'en éloignent courageusement. Dès leur plus tendre jeunesse, ces aimables créatures renoncent au droit légitime d'aimer & d'être aimées. Que font-elles donc là dans leurs cellules ? elles haïssent donc toute leur vie ? Oui, me répondit-il, excepté *Jésus*, qu'elles aiment uniquement. Mais, ajoutai-je, crois-tu qu'elles s'en tiennent à l'image du *crucifié ?* Oui, je t'en répons, *Igli*. Un *Christ*, lui dis-je, d'*yvoire* ou de *marbre* est un *amant bien froid*. Tu badines, *Chérakées*, me dit-il, & tes idées grossiéres n'atteignent pas jusques-là. Non, lui dis-je, Sacrificateur. Ces aimables enfans me paroissent à la torture ; & le Diable, contre lequel elles font des efforts, c'est peut-être toi Sacrificateur. Tu les vois, elles te voyent : je gagerois qu'il n'y a nonnain au couvent, qui ne te changeat pour son *crucifix*. Que tes idées sont folles, *Igli*, me disoit-il. Va Sacrificateur, tu ne connois pas les mouvements du cœur. Sais-tu qu'il parle si haut, qu'on n'entend plus tes prédications ? Ces filles imprudentes jurent ce qu'elles ne peuvent jamais tenir. Que peuvent tes loix sévéres contre

celles

celles de la Nature? on ne peut éviter l'amour, mais on peut ſe tromper à l'age, qui lui prête toutes ſes forces. A ſeize ans, me dis-tu Sacrificateur, ces filles ont promis de ne plus aimer. Elles ne ſavent pas ce que c'eſt alors pour la plûpart, lui dis-je, & rien ne s'explique encore chez elles aſſez clairement. As-tu fait des nonnains, Sacrificateur? Oui, me répondit il, quelques unes. Je te plains, lui dis-je, tu les a égorgées au moment de leur engagement. Leur enfance a été la cendre, qui a couvert leurs paſſions. Leur cœur, qui en eſt le principe, tu devois donc l'arracher? Aux piés des autels de ton Dieu tu leur a fait faire des promeſſes, que des jeunes cœurs ne peuvent pas garder. Donne leur donc en même tems la pérmiſſion de promettre & de ne pas tenir. Crois-tu que des leçons ſécretes & très-articulées ne viendront pas ſuccéder au documents de pédagogues impuiſſants de ton eſpéce? Tes Européennes aiment autant que nos *Chérakéeſiennes*. L'amour eſt de tous les cœurs & de tous les climats. Tes captives ſont-elles obligées de te dire tout ce qu'elles reſſentent pour les hommes? Crois-tu qu'une ſainte colère leur faſſe toujours tourner leur mains vengereſſes contre elles mêmes? Crois-tu que dans le ſécret elles n'apprennent pas du plus puiſſant de tous les maîtres les leçons les plus ſimples & les plus pérſuaſives? Crois-tu qu'elles ne s'ennuyent pas de ta ſageſſe? Crois-tu qu'elles ne ſoient pas prêtes à recevoir à la fois les précautions & le danger?

ger? je converſois tout à l'heure avec une de ces charmantes eſclaves de ta Religion, & la conſultois ſur l'article de ſon cœur. Je ſuis tranquile; m'a-t'elle répondu, *Chérakées*; mais je ſuis aux priſes avec l'ancien ſerpent. Cette couleuvre s'eſt inſinuée chez Eve notre Mère, & voudroit nous tenter juſques dans nos rétraites ſaintes: que veux-tu dire, aimable enfant, avec ta couleuvre, lui ai-je dit? Les jardins de ton habitation t'effrayent ils par les bêtes vénimeuſes? Tu ne m'entens pas, *Chérakées*, m'a t'elle dit; ce n'eſt pas cela. Vous autres pauvres Payens, ne voyez pas plus loin que votre nés: je parle du Diable. Comment, aimable enfant, lui dis-je, c'eſt le meilleur de nos amis. Nous ſommes en pays de connoiſſance. Quelle connoiſſance! me dit-elle. Il faut être *Chérakées* pour avoir de ſemblables amis. Ne t'en effraye pas, lui dis-je, belle Chrêtienne: Ton Sérpent eſt honnête Créature. L'as-tu vu ajoutai-je? non Jéſus! *Chérakées*, je ne l'ai vu de ma vie. Veux-tu que je te le faſſe voir? veux tu faire amitié avec lui? vous êtes donc ſorciers vous autres? non, lui dis-je, belle enfant; mais nous autres *Chérakées* nous avons des liaiſons avec lui. *Je lui fis des démonſtrations infernales.* Elle en rougit; elle n'en rougit plus. Le Sérpent la fit rire, *tout diabolique* qu'il étoit, & la belle *ſoupira*. Je racontois le fait à mon Sacrificateur; tu ès excommunié, dit-il, *ipſo facto*. Que veux tu dire, *ipſo facto*, lui demandai-je? Oui, continua-t'il, *ipſo facto*. Tu n'entens n'entens pas ces térmes, mais ils n'en ſont pas moins éfficaces, voire ſur un *Chérakées.* Retire toi, enfant du Diable, tu ès damné. Tu bruleras dans le ſouffre pendant l'étérnité. L'Enfer avec ſes murs de quinze cens lieues d'épaiſſeur ſans portes & ſans fénêtres, ne te laiſſera pas échaper à ſes flammes dévorantes. Il n'y eut point d'injures, que ce béat ne fit tomber ſur moi d'un air prophétique. Va, va, lui dis-je, Sacrificateur, tu n'as pas confeſſé celle-là, tu l'aurois mieux inſtruite. Les anciennes, qui étoient là, ne craignent pas tant la couleuvre du Paradis. Que dis-tu, impie, me dit-il, en s'irritant? Convien-t'il à un ſcélerat comme toi, de te mêler de notre Religion. Oui-dea, lui dis-je, je m'en mêlerois en pareil cas, & ſuivrois de loin tes Révérends.

J'étois un grand ſot, cher Alha, ces gens ſont bien plus fins que moi. Mon grand crime, c'étoit de m'être vanté à cette figure originale, que je fus fort ſurpris de trouver ſcrupuleuſe. La vérité du fait eſt, que je ne m'y attendois pas. Il m'avoit raconté tête à tête mille jolies choſes, mais il les oublia ſur le champ pour prendre ſon ton ſévére. Ma belle captive & ſes adjointes m'avoient paſſé ma franchiſe *Chérakéeſienne.* Elles m'avoient apporté du rafraichiſſement, & me promirent une prompte converſion par le moyen de leurs priéres. Je n'avois de foi qu'à ma belle enfant; je lui recommandai mon ame, elle me recommanda la ſienne, & je la quittai très-attendri.

dri. Tu ne peux t'imaginer, mon cher Alha, rien de plus charmant que cette belle éléve de ses Pédagogues. Tu n'as donc pas ta liberté, lui disois-je, en sécret. Non, me répondit-elle, & je me meurs dans ma cellule. Mes parens m'on insinué adroitement ma vocation. J'étois si jeune & ne savois rien de rien. Je suis sous la garde de mille sérrures; & pour mon Bréviaire, je ne l'entens pas plus que l'Alcoran. Je le dis tous les jours, c'est ma tâche douloureuse; si je ne l'adoucissois en pleurant l'absence d'un jeune homme, avec qui j'ai été élevée, & que j'aime plus que moi-même. Cependant je n'ai aucune consolation; d'où vient, mon Dieu, mourrai-je d'amour, ai-je dit cent fois à *Jésus!* hélas! il ne me répond rien. J'attens les nôces de l'Agneau & les désire mille fois le jour, La mort me console. Sache, *Chérakées*, me dit-elle, que tout étranger que tu ès, la Nature m'en a dit autant qu'à toi. J'ai de la disposition à être damnée, car j'aime le Diable. J'ai deviné l'énigme de nos Vénérables. Ils nous tyrannisent & nous aiment. Je m'en suis aperçu quelquefois. Je ne vais jamais à confesse, que ma guimpe en désordre. Je ne sais ce que ces *Paters* ont dans l'ame; mais ils me traitent avec plus de douceur quand je la laisse errante sur mes épaules, & que ma robe est mal attachée. Ils me grondent, mais c'est avec tant de bonté, que je voudrois l'être à chaque instant. Ils perdent leur cruauté, & je les vois devenir faciles. Je ne m'en étonne pas, lui dis-

je,

je, un ſeul de tes regards m'enchante, ta blancheur m'éblouit, belle captive. Ton linge n'approche pas des charmes qu'il dérobe malicieuſement aux yeux. Tes Sacrificateurs ne t'en diſent pas autant que moi ; mais ils le penſent. Sais-tu bien, *Chérakées*, me dit-elle, que l'un d'eux m'a baiſé la main ? Ah, ma belle enfant, qu'il a bien fait ! en eſt-il reſté là ? Oui par Sainte Catherine, oui. Je ne haïſſois pas ce cagot, mais je n'ai pu me réſoudre à lui décéler mon cœur.

J'appréhende à préſent, qu'il ne devine ce que je lui ai caché. Ce n'étoit qu'un moment de fureur ; mais j'en ſuis bien revenuë. Il eſt vrai qu'une Révérende Mère m'a dit, que ces Vénérables étoient d'un grand ſecours. Mais je n'en ai jamais fait l'épreuve. Je ſuis trop jeune, & ces diſcretes nonnes vont devant moi. La communauté eſt nombreuſe, l'Abbeſſe n'eſt pas le plus petit article. Elles ont toutes leur tour, & moi, nouvelle profeſſe, je ne trouve à la fin que des hommes de mauvaiſe humeur. Juge, *Chérakées*, ſi je ſuis ſatisfaite : non en vérité, nôtre grille m'en eſt témoin, & les ſaints barraux du Monaſtère. Je te découvre mon cœur, & te demande le ſécret. Non, mon cher *Chérakées*, le Diable ne vient jamais pour moi, tandis qu'il vient pour les autres. Nos Mères ſont ſans doute plus ſorcières que moi, & nos Révérends ne ſe confient qu'à elles. Tu vois, cher Alha, les tourmens de ces victimes de virginité. Tu en ſeras étonné. Ce qui me pique, c'eſt ce Vénérable caffard, qui veut me cacher par mille détours ſon amour & ſa paſſion.

VINGT-DEUZIÈME LETTRE.

IL y a ici autant de Moines, que de *Chérakées* dans nos déſerts. Il y en a des noirs, des gris, des blancs ; les uns chauſſés, les autres nuds piés. Les uns avec un chapeau, les autres avec un coqueluchon, pointu, quarré, ample, étroit. Les uns barbus, les autres tondus ; les uns pauvres, les autres riches ; les uns gaillards & diſpos, les autres ſévéres. Que d'animaux ſinguliers, diſois-je à un Anglois de mes amis ? Tu les vois ces Révérends me dit-il ? Ce ſont les plus habiles & les plus adroits de ces climats. Veux-tu ſavoir, *Igli*, comment ils ſe ſont enrichis ? C'eſt en prêchant jadis le jugement dérnier. Les hommes de ces tems eurent la courtoiſie de les en croire ſur leur parole, & comptant mourir au tems marqué par ces Entouſiaſtes, ils réſolurent d'appaiſer le *Chriſt* irrité par des préſens & des dons aux Monaſtères. La crainte n'eſt pas le moindre revenu des Prêtres. Ils ſe défaiſoient de leurs riches terres pour le bien de leur ame entre les mains de ces ſaints pérſonnages, qui les recevoient par pure complaiſance,

plaiſance, & pour donner lieu aux bonnes œuvres ; puiſqu'ils croyoient eux-mêmes ſe trouver bientôt à la fameuſe vallée de *Joſaphat*. *Jéſus* ne parut point dans les nuës, l'embraſement univérſel de la machine ronde ne vint point, les trompettes des cieux ne réveillèrent point les morts des tombeaux, le triomphe des bons & la condamnation des méchans furent différés aux Siècles avenir ; mais les Vénérables ne rendirent rien. Ce qui m'étonne, c'eſt comment ces graves & ces ſanctifiés ſolitaires prennoient des précautions pour des biens qu'ils alloient quitter comme tous les autres humains. Ils montrent hardiment ces donations en juſtice contre les arrières neveux, & les déſcendans de leurs bienfaicteurs. Ils ne rougiſſent pas d'être plus riches que les enfans de ces anciens Seigneurs. Cette écume de la fortune orageuſe, ce ramas endoctriné de gens de toute éſpèce, ce ſupérflu corroſif des états, fait un grand corps oiſif, dangéreux, inutile, avide, voluptueux. Ils donnent au public quelques volumes compilés & ſcientifiques pour toute monnoye des grands biens, qu'ils croyent avoir droit après de manger impunément. Ils poſſédent plus d'un tiers de ces contrées ; ils boivent, ils mangent, ils révent, ils chantent pour le ſalut des hommes. Sans eux les *Italiens* iroient à tous les Diables. Ils arrêtent la colère des cieux ; ils trafiquent les ſcrupules & les miracles. Ils ſont hypocondriaques ; ils ſont de

 belle

belle humeur; les uns ſont ſaints à canoniſer; les autres portent le joug de *Chriſt* avec une gaïeté tout-à-fait admirable: c'eſt la grace qui opére toutes ces divérſités vértueuſes. Tu n'aimes pas ces Révérends, lui dis-je? Non, me répondit-il. Nous les avons tous chaſſés d'Angleterre & avons réſtitué à la Nobleſſe des biens, que nos Ancêtres avoient eu la ſimplicité de donner à ces dévots ruſés. Nous avons déclaré les donations nulles, comme ayant été extorquées à la religioſité, & à la crédulité publique, & ne les aurions cru valides, qu'au cas que la fin du monde fut venuë, comme ces Impoſteurs le prêchoient. Une donation faite par crainte, eſt contre toutes les loix. Faut-il tant de biens pour vivre d'herbages, comme ils devroient faire? N'eſt-il pas honteux de voir un Moine ſur un cheval fringuant, & le Noble croté juſqu'au cul aller à pié, & vivre chez lui plus mal que les valets de ces Vénérables. Mais que dis-tu *Milord*, des pauvres Moines de ces climats? Ils demandent l'aumone, ils vivent auſtérement. Bon, me dit-il, tu ne les connois pas, *Igli*. Ils ne voudroient pas troquer leur beſace pour les amples poſſeſſions des autres? Ces compères baiſſent la prunelle dévotieuſement, & vont à leur but. Ils achêtent au dépens de leurs mortifications la tendreſſe du Peuple, des vieilles, & des ſots. Les chauſſer, leur donner des chemiſes, ce ſeroit leur ravir tous leurs fonds; ce ſeroit

leur

leur couper la gorge. Il eſt vrai que j'eſtime ces Vénérables, ils ſuivent les Apôtres : jamais on ne les voit contéſter en juſtice. Ils ſont prêts à tous les événemens : la peſte, la mort, le feu ne les épouvantent pas. Ils ſont les enfans pérdus des autres Moines graves, diſcrets, & de conſéquence, qui n'ont garde de troubler leur repos pour le peuple qui périclite. Mais que ne travaillent-ils de leurs mains, au lieu des études auxquelles ils s'appliquent ſans y réüſſir jamais ; ils rendroient ſervice aux Catholiques de ne pas les fatiguer par des Sérmons ? A quoi bon, *Igli*, tous ces originaux, me dit le *Milord ?* Je n'aime point des hommes officieux de cette éſpèce ; nous ſommes ſecourus à Londres dans nos incendies mieux qu'à *Rome*, & n'avons point de ces Révérends. Mais ici les femmes les ſoutiennent & les aiment ſans ſcrupule, à cauſe de leur difformité Religieuſe. Elles ſont compatiſſantes naturéllement, & ne peuvent voir de ſang froid un homme dans la douleur. C'eſt l'homme, qu'elles aiment & non pas la pérſonne, *Igli*, ne t'y méprens pas. Ces habits rudes excitent la volupté plus que les plus brillans. L'Amour n'a point de loix ni de barrières. Tu vois, cher Alha, que ces peuples ſont extravagans, même parmi leurs Sages. Qu'ils ont beau diſputer les droits à la Nature, qu'elle a ſon empire légitime tôt ou tard ; tous ces Moines pauvres & riches ont leur béatitude. La

Provi-

Providence déploye en leur faveur la force & la miséricorde de son bras. Que ne suis-je dans nos chères Solitudes ! Que ma chère *Glé* soit heureuse, & que tes ans se multiplient. Embrasse mes enfans, cher Alha, & que ta tendresse dure autant que la mienne.

VINGT-TROISIÈME LETTRE.

TU devrois bien te faire Chrêtien, me disoit un Sacrificateur affable ? *Jésus* est mort pour tous les hommes, & ton salut *Chérakées*, est entre tes mains. Veux-tu être sauvé, tu le seras ? Si pour être Chrêtien ou Juif, il ne faut qu'être baptizé ou circoncis, je le suis. Mais accorde-toi donc, lui dis-je, avec tes autres Sacrificateurs. L'un d'eux me disoit, il y a quelques jours, que le *Christ* n'étoit mort que pour les Elus : & que ces bien-aimés étoient les seuls, dont il avoit voulu le salut. Il m'assura, que Dieu ne se manifestoit pas à tous, & me l'attesta par des preuves de fait.

Dieu, me disoit ce Vénérable, fait tout ce qu'il veut, donc que ce qu'il ne fait pas, il ne le veut pas. Or il ne sauve pas en effet les réprouvés, donc qu'il n'a pas voulu les sauver. Peut-on, lui dis-je, aller au Ciel sans en connoître la route ? Que dis-tu donc de ces compagnons de *Jésus*, Chrêtiens par conséquent comme

toi,

toi, qui m'ont démontré, que Dieu ne feroit pas juſte, ſi par mille moyens il ne ſuppléoit à la prédication des Apôtres de *Chriſt?* Ce ſont des *Pélagiens*, me répondit-il. Que veux-tu dire, ſévère Sacrificateur, *Pélagiens?* Oui, continua-t'il, *Chérakées :* des ennemis du ſauveur du monde & de ſa grace. Mais qu'appelles-tu amis de la grace ? Sont-ce ceux qui la retreſſiſſent ou qui l'étendent ? Ce ſont ceux, me dit-il, d'un ton dogmatique, qui l'étendent. Qui dit grace, dit faveur ſingulière ; qui dit grace, dit quelque choſe d'ineſpéré pour des coupables, & que le Monarque abſolu de ſes créatures accorde ou refuſe à ſon gré. Tout eſprit Monarchique eſt odieux, lui dis-je, Sacrificateur. Mais tu crois donc, que les ennemis du Sauveur ſont ceux, qui font valoir ſes biensfaits ? Tes idées ſont ſingulières.

Apprens, *Igli* me dit-il, les vérités du Chriſtianiſme. Elle n'ont pas pénétré dans tes climats, & le Dieu du Ciel eſt un Dieu caché. Tu ès fou, lui dis-je, un Dieu caché ? Ne t'effraye pas homme aveugle, continua-t'il ; oui, toute la nature t'annonce un Dieu qui cache ſes graces. On le voit, & on ne le voit pas. Crois-tu que tous devinent l'énigme de ſa grace, mon cher *Igli?* De-là vient l'aveuglement de ceux, qui connoiſſent & qui méconnoiſſent en même tems ce Dieu ſécret. Sache, *Chérakées*, que nos Livres adorables nous inſtruiſent de la prévarication de notre

prémier

prémier Père ; que tous les hommes ont péché avec lui, & que nulle miséricorde ne leur est duë. Ce mystére est extravagant, disois-je, en l'écoutant. Qu'ai-je affaire des sottises, que mes ayeux auroient faites, il y a un million de lunes ?

Etranger, me disoit-il, que tu ès loin du royaume de Dieu. Continues, lui répondis-je, & sois court. Vos phrases & vos contes allongent le bon sens. Ce principe posé, continua humblement le Vénérable, nous étions tous condamnés & le Père de la nature pouvoit détéster l'œuvre de ses mains. Par pure miséricorde il nous a promis son Fils unique, & nous l'a donné dans les tems marqué par sa préscience impénétrable, & que nous ne devons jamais éxaminer. Que de contorsions, lui dis-je, tu te donnes, Révérend, pour me prouver la haine de ton Dieu & les éxécutions sanglantes que tu crois qu'il a faites ? La mort de Dieu, me dit-il tranquillement, est la paix du ciel & de la terre. Tu réves, Sacrificateur. Quelle paix y a-t'il, où selon tes dogmes, tout l'Univers est damné, à l'éxcéption de quelques hommes, très-clair-semés? Il négligeoit mes réfléxions. Il s'agissoit, continua-t'il de sauver le monde. Dieu qui n'a point de compte à rendre, nous trouvant tous coupables, a choisi sans injustice qui il a voulu. Voilà le point précis, *Chérakées*, qu'il faut bien concevoir. Je n'y entens rien, lui dis-je, Sacrificateur, & j'ai le malheur de ne pouvoir aimer ton Dieu fantasque. C'est, dit-il, la pure doctrine de Dieu. Le Fils

trouve

trouve le monde sous la condamnation ; il parle, il instruit, il meurt de la main des Gentils, dont il aimoit sincérement quelques ames. Tout a fléchi sous sa puissance, continua-t'il. Les nations ont subi tour-à-tour le joug du Méssie vainqueur. Sa Grace a été le sécret qu'il se réservoit. Mon sécret est à moi, est-il dit quelque part dans les Ecritures. Mais, justifie moi, je t'en prie, lui dis-je, la réussite de ces promesses ? *Jésus* est mort pour tous en un sens, me dit-il, dans un autre cela n'est pas vrai. C'est la pure faute des hommes. Que dis-tu Sacrificateur ? la faute des hommes. C'est que Dieu ne le veut pas ; s'il fait ce qu'il veut & que vouloir & faire soit toujours en lui une même chose, il est donc clair, que c'est parce qu'il n'a pas voulu. Tu n'entens pas, me dit-il, l'œconomie de la Religion. Le *Christ* a des graces éfficaces & inéfficaces. Que veux-tu dire Sacrificateur ? C'est-à-dire que ton Dieu veut & ne veut pas ; oui, me dit-il : au fond tu as raison, mais tu t'exprimes aussi durement, que l'on accuse nos Pédagogues d'avoir pensé.

Nôtre Dieu, lui dis-je, Sacrificateur, est bien plus immuable. Nous ne connoissons en lui qu'une volonté éternelle. Et nous aussi me dit le Révérend, mais ce sont des façons scrupuleuses & religieuses de parler de nos Docteurs. Dieu est un être simple & tout en lui est simple ; sa volonté est aussi simple que son amour. Que ne disois-tu Sacrificateur, que sa volonté est aussi simple que sa

 haine.

haine. La haine eſt ce que tu me fais le plus connoître de ton Dieu. Sa haine eſt immenſe, puiſqu'il haïra étérnellement ce qu'il a haï ; par conſéquent de toute étérnité.

Par ſa grace éfficace, continua-t'il, il ſauve abſolument les prédéſtinés, & je t'avoue franchement, *Chérakées*, que c'eſt la ſeule véritable grace. La grace ſuffiſante eſt une invention de quelques Vénérables. L'Egliſe a laiſſé cette reſſource au bon cœur de ces Chrêtiens tendres, & effrayés d'une doctrine, qui ſemble dure, mais que la ſolide vérité appuye. Dieu donne cette grace aux réprouvés. Elle n'a jamais qu'un effet impuiſſant. Les *Papiſtes* prétendent juſtifier les jugemens & la profondeur de la croix du Sauveur, en diſant qu'il offre d'une main ce qu'en effet il retire de l'autre. Cette grace n'a jamais de ſuite pour le ſalut ; elle ne ſert qu'à rendre plus coupables ceux qui ont été éxcités à vouloir ſans avoir eu la grace de faire. Juge à préſent qui de nous ou des compagnons de *Jéſus* a tort ou raiſon. Que veux-tu dire ? tu n'ès donc pas Sacrificateur, l'ami de *Jéſus ?* je ne te parle pas de cela, *Chérakées* ; je te parle de ces *coquins de Jéſuites*. Mais comment cela ſe fait-il ? Vous croyez tous à Chriſt, & vous vous accablez de reproches ? mon Anglois dit que les Romains ſont fous, & les compagnons de *Jéſus* des Diables incarnés : tu en dis autant, Sacrificateur. Es-tu de la Religion des Anglois ? Non, par Saint Cyran, me dit-il : nous ſommes la vraye Egliſe.

Tiens,

Tiens, laiſſe moi, & va t'en ; ils en diſent tout autant que toi. Comment veux-tu que je débrouille parmi vous autres, celui qui dit vrai.

Ces Révérends ſont inſoutenables, mon cher Alha. Ce Sacrificateur avec ſon air conſterné & ſon chapeau rabattu me dit qu'il alloit faire pour moi une neuvaine à St *Auguſtin*, afin que par ſon intércéſſion je devienne apparemment auſſi fou que lui. Il a beaucoup de foi à cet ancien Docteur. Je ne ſais en vérité quel eſt le but que tous ces diſcoureurs & ces entouſiaſmés ſe propoſent. Ils m'inſpirent tous une très-grande indifférence, pour ne pas dire quelque choſe de plus.

VINGT-QUATRIÈME LETTRE.

NOUS étions à la campagne chez un *Curé*, moi, ma belle *Italienne*, & un de mes amis. Sais-tu, cher *Igli*, me dit ma belle, que ces Sacrificateurs ne doivent avoir qu'une vieille pour ſérvante ? Regarde ces deux jeunes filles : le compère ſera puni du Pontife. Bon, bon, *Liſe*, ne vois-tu pas qu'il a partagé l'âge preſcrit par la moitié : c'eſt une vieille en deux tomes. Laiſſe-les ſe béatifier les uns les autres. Le Révérend riſque ſa fortune pour un baiſer, & toi tu la fais. Le béat nous parloit l'Evangile tout pur. Ses phraſes couloient de ſource. Nous nous mimes à table & le ton goguenard ſuccéda. Le Vénérable ſe défron-

défronça. Ma belle badinoit avec lui ; il se revangeoit : il chanta pour le moins aussi bien qu'au Lutrin ; il reprit son sérieux. On se mit à jouër selon la coutume de ces étrangers. J'ai un mot à vous dire, dit-il, à ma belle ? ils parloient d'affaires de famille & de papiers ; ils nous laissèrent moi & mon ami jouër à nôtre tour & se retirèrent dans le cabinet du pater. Après la séance j'appellai mon *Italienne*. Toute à-l'heure, me dit elle, je suis à vous ; ouvres, lui dis-je ; nous sommes en affaires : pour un moment, reprit le Sacrificateur. Je m'en revins auprès de mon ami. Nous nous entretenions en attendant de la pluye & du beau tems. Cependant ils parurent l'un & l'autre. Ma belle avoit le visage enluminé, & le Révérend son rabat chiffoné ; au lieu qu'avant il étoit tiré à quatre épingles. D'où viens-tu, *Lise*, lui disois-je à l'oreille ? je viens de consoler ce Prêtre, me dit-elle, sans façon. Que dis-tu donc ingrate ? je n'osois parler, mais la tristesse & la rêverie s'emparèrent de moi ; ma belle est si jeune & si étourdie, qu'elle ne s'en mit pas en peine. Le béat continua son air réservé, modéste, & afféctueux. De retour, je ne pus m'empêcher de lui demander l'éxplication de l'énigme. Que veux-tu, *Chérakées*, me repartit la follette, ce Sacrificateur est quatre fois plus homme que toi, & il n'a que deux sérvantes ? il faut mettre ton cœur à autrui. Une demi douzaine d'hommes, cinq le jour & toi la nuit c'est tout au plus ma suffisance. Tu

ès

ès baptisé, mais tu n'ès pas plus Chrêtien que moi. As-tu donc pris leurs idées sur le compte des femmes ? Tu as trop d'esprit pour donner dans leur Religion. Cher *Igli*, viens m'embrasser & qu'il n'en soit plus parlé. J'aime cette enfant : elle se moque de moi. Mais ma belle, lui disois-je, c'est trop pour toi que six hommes par jour. Je n'en rabatterois pas un, me dit-elle. Tes *Chérakéesiennes* & nous sommes des machines bien différentes. Mais ma belle, tu ne m'as rien dit de tout cela. Je t'ai bien vu quelques jeunes gens à la traverse, & j'ai cru que tu aimois encore chrêtiennement. Tiens, cher *Igli*, il n'y a christianisme qui fasse, les *Italiennes* n'aiment pas pour si peu : & si les Sacrificateurs n'y mettent leur sainte main, nous mourrons toutes de disette & de virginité. Sais-tu bien, cher *Igli*, que tu m'as obligation : j'ai sacrifié pour toi mon honneur, si prétieux à une fille. Je t'ai donné quatre enfans avec mille douleurs. Tu ès folle, ma charmante *Lise*, voilà comme tu te justifies, & comme tu profites de ma Religion simple & dégagée d'inquiétudes. Tu m'associe qui tu veux sans me consulter. Tais toi, cher *Igli*, viens & que je mette le comble à ta félicité. Tu peux compter, cher Alha, que ce bel enfant a un jargon, auquel je ne puis résister. Elle est vive comme le feu. Elle est toujours de belle humeur. Elle a des graces qui me ravissent. En un mot, je suis son esclave. Je lui donne mon or, elle le dépense à je ne sais quelles

les niaiſeries. Que je l'entende, elle a toujours raiſon. Tantôt je ſuis un *Chérakées* mal fait, tantôt un lourdaut, tantôt elle veut me quitter, & je l'appaiſe par les promeſſes les plus tendres, & par les préſens. Ne manque pas de me faire envoyer des péleteries, car je m'aperçois que je dépenſe trop. Je dois de tous côtés. Dis à ma chère *Glé*, que je n'embraſſe jamais ici de femmes, que je ne penſe à elle.

VINGT-CINQUIEME LETTRE.

J'AI, cher Alha, à côté de mon apartement un *Sage*. J'étois hier dans ſon cabinet : que de livres grand Dieu ! c'eſt pour le beſoin, me répondit-il modéſtement. Voilà les Pères de l'Egliſe, voilà les Hiſtoriens profanes & ſacrés ; voilà les Auteurs Aſcétiques, les Philoſophes, les Théologiens, les Grammairiens, les Poëtes Latins & Italiens, & les Docteurs en droit civil & canon. Que fais-tu de tout cela ? Car tu ne m'as pas l'air d'avoir lu tous ces livres ? Tu m'inſulte, *Chérakées*, me répliqua-t'il. Je fais des remarques jour & nuit de tous ces in-folio, afin d'avoir des citations ſcientifiques toutes prêtes. Regarde ce *Manuſcrit* ; il y a cent paſſages les uns plus beaux que les autres, dégagés & expliqués avec le ſtile le plus laconique. Prens & lis : voilà de quoi te prouver que l'on ne peut

 être

être Chrêtien ſans déteſter & détruire la *Papauté** ; et ſans croire férmement que le Pape & tous les Cardinaux ſeront mis aux cachots par les Diables, en qualité des criminels de lèze-majeſté ſuivant la forme & teneur de l'arrêt de la cour de Dieu. Les Papes ſont des fripons, à qui les Souverains & les Empereurs ont donné leurs Etats. Il n'y a rien de ſi beau que le don, lui dis-je, Réſpéctable. S'en ſont-ils emparés ? Non ; mais les ſcélérats, me répliqua-t'il, s'arrogent le droit d'*excommunier* Ceux qui héritent de ces trônes. Vois ce *Banquier de Veniſe*, le plus ſot animal de tous les Papes, comme il en agit avec le *Duc de Parme*, &c. &c. &c ? Va, va, Vénérable, lui dis-je, il en aura ſur les doigts. Toutes les *Foudres* du Vatican ne valent pas un *coup de Canon*. Ils ont délié, ajouta-t'il, les peuples du férment de fidélité à leurs princes. *Jéſus* a pourtant dit, que ſon royaume n'étoit pas de ce monde. Le Pape, *Chérakées*, eſt le Diable, qui dit ſi tu veux baiſer ma *mule*, & te proſtérner devant moi,

---

* *L'Ouvrage dont on parle ici, s'imprime actuellement à Londres chez* Griffin *Libraire & Imprimeur* in Catharine-Street près du Strand, *ſous ce titre* ; La Nécéſſité de détruire la Papauté, pour l'accompliſſement de la Miſſion de *Jéſus Chriſt* ; pour la réunion de tous les Chrêtiens à une ſeule communion ; & pour l'avantage & la gloire des Princes Catholiques. Ouvrage addreſſé aux Souverains, & ſur tout aux Italiens, qui croupiſſent honteuſement dans un eſclavage ſi monſtrueux.

je

je te donnerai tous les royaumes du monde; tous les maux & tous les troubles de l'univers ne viennent que des Sacrificateurs. C'eſt bien fait, dis-je, d'où vient êtes-vous aſſez ſots, pour vous laiſſer brider par ces *papelards*. Dans les Aſſemblées de tous les Souverains, me dit-il, on agite la queſtion : & ils ſont tous d'avis de détrôner le Pape. L'on doit envoyer à Rome cinquante mille hommes, & l'affaire eſt faite. Tu as raiſon, Vénérable; dans les affaires il n'en faut pas faire à deux fois. L'on ſaccagera Rome l'abominable; et l'on trainera *Monſieur le trés-Saint Père, et Meſſeigneurs les Eminentiſſimes Cardinaux* à queuë de cheval, Tous les hommes de ces climats, mon cher Alha, ont leur tique: il n'y a que le plus & le moins. Croirois-tu qu'ils ont ici des maiſons pour enférmer les fous? Tu ſcais ſi jamais dans nos déſerts nous avons oui parler d'hommes, à qui le ſens eût tourné, Rien de plus commun ici. En vérité je ne m'en étonne pas; s'ils continuent, il faudra férmer les portes de la Ville.

VINGT-SIXIÈME LETTRE.

JE raiſonnois ces jours paſſés avec un de ces Pédagogues, qui m'ont appris la langue Latine. Il me remettoit ſur les voyes & me rapelloit les belles phraſes de Ciceron. Le langage

gage de ces Latins eſt forcé, lui dis-je: ils cadanſent leur proſe & font des invérſions ridicules. La parole eſt faite pour exprimer néttement la penſée. L'embrouiller & la rendre obſcure c'eſt un ſot myſtère à tous égards. A chaque période il y a une clef à l'énigme: c'eſt le verbe à la fin. L'eſprit eſt ſuſpendu un demi quart d'heure ſans ſavoir au juſte ce que le diſcoureur veut dire. Tu raiſonne comme un *Chérakées*, me répliqua-t'il: & toi comme un pédant lui dis-je. Tu trouve la langue *Chérakéeſienne* riſible? Sont-ce donc les mots que tu eſtimes & non pas les penſées? Tes mots latins ſont *Chèrakéeſiens* pour moi & me ſemblent fous. Eſt-il queſtion de tels ou tels mots pour s'exprimer? Il eſt queſtion de ſe ſervir fidélement des ſignes uſurpés par les peuples. Un *Chérakées*, qui parle ſon *Chérakées* avec fidélité, je l'admire autant qu'un Latin qui en fait autant dans ſa langue. Les mots ſont le bagage néceſſaire de la penſée & ſes valets: c'eſt le maître, qui doit attirer les yeux; l'équipage ne lui donne aucun mérite. Un grand homme vaut ſouvent mieux à pié que dans un char ſupérbe. La ſimplicité le raproche de nous, & le rend d'autant plus aimable qu'il eſt acceſſible. Qui peut aborder de tes périodes hériſſées, Pédagogue? Quel eſt l'homme dont on voudroit dans la societé, s'il falloit étudier à chaque inſtant ce qu'il veut dire? Pourquoi tes ſavans deviennent-ils inſuportables ? c'eſt par cet endroit.

Ils ne peuvent parler de choux & de carottes, qu'ils n'ayent un Intérpréte avec eux, pour exprimer à la canaille les expreſſions ſcientifiques des pérſonnages. Ils ſont inintélligibles au vulgaire. Quand un Académicien dit, ou écrit qu'un homme eſt plus grand qu'un autre en trente manières différentes, il faut que je liſe ſes phraſes & que je les reliſe comme du grec. Un mot eſt pour eux une trouvaille ; ils négligent la netteté de la penſé pour une tournure favorite. Ils reſſemblent à des femmes laides, qui s'occupent entièrément de leur coëffure. Tu ris d'un mot que je prononce mal & moi je ris de ta penſée pitoyable.

Mais revenons à tes invérſions latines dont tu ès entouſiaſmé. Mets-les en *Italien* & tu en riras. Quitte ton yvreſſe, Pédagogue, & raproche-les du vrai. Qu'y trouveras-tu ſi non un pédantiſme de ces ſiècles, que l'on peut comparer à proportion à celui de tous tes Académiciens ? Ciceron, ton Prince des Orateurs, cherchoit à en impoſer au peuple ſot. Il captivoit l'attention par ces évolutions de mots & de diſcours. C'étoit la manie des déclamateurs. On trouvoit alors qu'il étoit beau d'entendre quatre membres de périodes ſans en ſavoir la déſtination. On perd le goût de l'éloquence, me dit gravement mon Vénérable, à meſure qu'on perd

le

le goût de celle de Ciceron. Tais-toi, Pédagogue : tu ès bête, lui dis je : les gens de goût s'en éloignent tant qu'ils peuvent.

Ce fatras de discours ne peut plaire qu'a tes originaux qui l'imitent. La harangue du Prince d'Oranges devant Ostende vaut mieux que toutes celles de Ciceron, de Tite-Live & de Quinte-Curce.

Que de solécismes tu as fait dans tes themes, cher *Igli*, me disoit le Révérend d'un air de protéction ! Oui, lui dis-je, mais mes solécismes n'étoient pas si dangereux que les tiens, je les faisois contre la Grammaire, mais les tiens sont contre le bon sens. Et des Poëtes, me dit-il, t'en souviens-tu ? C'est affaire à Virgile à trouver des épithètes riches ? Oui en vérité, Pédagogue, lui dis-je, & ce qui m'étonne c'est qu'il a fait son Ænéide sans Dictionnaire. Efféctivement, me répondit-il, cela est admirable ! qu'un homme de sa tête ait fourni tant d'éxpréssions ! oh ! oh, lui dis-je, Vénérable, c'est que Virgile ne suoit pas pour arranger géométriquement des mots les uns après les autres, comme font tes Patriarches de Collège. Jamais il né s'est servi de six mots indifféremment. Que veux-tu dire, Igli ? La Poësie est un art bien difficile. Difficile ? Révérend, tu radotes. Demandes à ton *Dante*, à ton *Petrarca*, si leurs plus belles pièces ils ne les ont pas enfantées dans les délices de la facilité. J'ai fait une Ode, continua le Pédagogue. Mes vers ont été applaudis dans tous les collèges ; mais c'est pour te dire, j'aurois voulu mettre *sublime* à la fin d'un vers héxamétre, & ce térme valoit tout l'or du monde, mais il me falloit une bréve & deux longues ; j'ai pris mon Synonime, & j'ai trouvé heureusement mon affaire. Voilà l'utilité de ces Dictionnaires ; j'ai mis *superbo*. Tu crois donc, Révérend, que c'est la même chose que *Sublime* & *Superbo* ? Oui, par Sénéque, me répondit-il, *promiscue usurpantur*, ou nos Livres sont faux. Ce n'est pas à un *Chérakées* ignorant comme toi à nous endoctriner. Mais Pédagogue, as-tu du sens ? Si *superbo* & *sublime* sont Synonimes, tu devrois donc dire également Tarquin le supérbe & Tarquin le sublime. Je te soutiens moi qu'il n'y a pas deux mots qui signifient précisément la même chose. Que vont donc devenir nos recueils de mots me dit-il ? Mêle-toi de tes affaires, *Chérakées*. Tu m'insultes & tu manques de reconnoissance. Vous autres barbares avez toujours un reste de férocité. Non, Pédagogue, tu te trompes ; mais j'ai un reste de bon sens. Tu m'as rendu service, mais je t'ai bien payé. Je t'ai fait boire bien du vin, & je suis toujours ton Ami. Ces Pédagogues, cher Alha, me font bouillir d'impatience. Ce sont des sangsuës qui ne donnent pas le moindre quartier. Je fis boire mon Révérend, & le congédiai.

VINGT-

VINGT-SEPTIÈME LETTRE.

QU'EST-ce que ton Paradis, diſois-je à un Sacrificateur? Il me cita toute ſon Ecriture. C'eſt un lieu, me dit-il, où on ne pleure plus. On y rit donc toujours? Non par Saint Michel, me, dit-il, tu n'entens pas nos idées ſublimes. On eſt ſérieux, on ne rit point, mais on eſt heureux. Mais comment ſe communique ce bonheur? Par la vuë, me dit-il: les Saints voyent Dieu. Mais Sacrificateur, ce n'eſt pas voir, que je veux; c'eſt jouïr. On eſt donc là comme des ſtatuës debout ou aſſis à regarder? Mais quoi regarder, Dieu eſt inviſible? Ce ſera là une longue méditation, lui dis-je, que de réfléchir une éternité: nos corps, continua le Sacrificateur, ſeront agiles comme des oiſeaux, & comme Dieu ne fait rien d'inutile, il eſt à préſumer que ce ſera pour voltiger dans l'empirée. Quel plaiſir, lui dis-je, d'être tranſparens, & dégagés comme cela! C'eſt la récompenſe, me dit-il, de ceux qui s'exténuent le corps ici bas pour l'amour de Dieu. Mais dis-moi donc, Sacrificateur, nous aurons nos corps là-haut? Oui, me dit-il, mais revêtus de l'immortalité. Nous nous verrons, nous nous approcherons? Oui ſans doute. Mais les hommes verront-ils les femmes? Oui, me dit-il. Mais cela ſera bien immodeſte, car on n'aura point d'habits? La Nature, *Chérakées*, ſera d'une docilité admirable; nous nous verrons ſans pécher.

pécher. Mais ſais-tu bien, Sacrificateur, que ſi je voyois là mon *Italienne*, que je l'aimerois encore ? Elle ne feroit qu'embellir par la métamorphoſe, qui ſe fera des réſſuſcités, & les belles choſes ſont aimables par elles mêmes. Dieu ſeroit là, que je l'aimerois encore; ou je lui dirois qu'il ne devoit pas partager ſa beauté infinie par petits morceaux, comme il a fait. Voilà toujours *Igli*, me dit le Vénérable, tes idées *Chérakéeſiennes*. Que ne leur mets-tu des petits tabliers de gloire, Sacrificateur ? Tu as raiſon, me dit-il, les Saints Péres l'ont dit, & je n'y penſois pas. Nous ſerons tous brillans comme des étoiles. Tu vois bien, Révérend, lui dis-je, que ſans ces précautions, ces corps agiles & pénétrables auroient bientôt fait un petit trou au ciel, & joueroient plus d'un tour au Grand Eſprit. Et la Hiérarchie d'Anges, lui dis-je, fera-t'elle comparaiſon avec nous ? Nous leurs ſerons aſſociés, me dit-il modéſtement ; mais ils ſeront les plus gros Seigneurs. Tout cela ſera bien admirable, lui dis je, mais parlera-t'on ? Vierge Marie, *Chérakées* ! non de par Saint Julien. Dieu ne s'entendroit plus tonner ſi les femmes s'y mettoient. Elles parleroient de ci de cela de leur vie humaine & de leurs avantures miraculeuſes & de leurs viſions. Il y en auroit pour l'éternité. Quoi, ſi je me faiſois Chrêtien, & que je te rencontraſſe là-haut, je ne pourrois pas te dire *bon jour* ? Non, vértu Dieu, tu n'entens

pas

pas *Igli* cette ſorte de vie de l'humanité glorieuſe. On ſe connoit ſans ſe connoître ; on ſe parle ſans ſe parler, on agit ſans agir. Ajoute donc, Sacrificateur, qu'on a des corps ſans en avoir ; qu'on eſt heureux ſans l'être. Ah ! ah ! *Chérakées*, le péché trouvera là des baluſtrades inaccéſſibles. Mais, dis-moi Sacrificateur, les vértus n'en ſeront pas bannies ? Non de par Dieu dit-il. L'amour conjugal eſt une vértu, Révérend, c'eſt même un Sacrement. Dieu ordonne aux époux de s'aimer ſans fin. Ce myſtère s'achevera donc dans le ciel ; il y aura des *baiſers divins*, & des *unions céleſtes*. Que tu ès extravagant, pauvre *Chérakées*, me diſoit-il d'un ton plaintif ! as-tu le ſens commun, lui dis-je, Sacrificateur ?

La nature ſera parfaite là-haut & non pas détruite. Elle eſt née de Dieu même : elle eſt ſainte. Ton péché, que tu ſupoſe, ne l'infecte pas dans ſa racine ; & le Dieu, qui l'a formée la pérfectionnera enfin ſelon ta doctrine. Réſerve lui donc tous ſes droits ſacrés : & n'éfface pas aux Cieux ce que le Dieu du Ciel a écrit en nous avant la manducation de la pomme, qui ſera alors lavée par *Chriſt*. Va, va, on ſe mariera là-haut, Révérend : ce ſera la gloire, où on verra Dieu. Que vas-tu dire, *Chérakées ?* tu ferois du ciel un habitation de volupté. Que te dit David, lui répondis-je ? je les raſſaſierai d'un torrent de volupté : nous ne faiſons ici bas que nous y rafraichir en attendant. Je dis plus, Révérend : on mangera, on boira. Je ne ne boirai plus, dit *Jésus*, jusqu'à-ce que je boive avec vous au Royaume de mon Père ; tes Docteurs disent, que l'on y mangera le pain Eucharistique : pour des corps spiritualisés c'en sera assés. A l'égard de ce que font les Saints en Paradis, regarde ton Apocalypse. Ils ne sont pas oisifs : ils chantent ; ils se prosternent ; ils suivent l'Agneau partout : ce sera les plus jolies procéssions du monde. Aparemment, que cette victime n'est pas toujours sur l'autel en cérémonie céleste, & qu'elle va se promener dans les plages du firmament, avec ses meilleurs amis. Il y a peut-être des Chateaux de lumiére, où *Jésus* va se délecter avec ses biens-aimés. Vous autres illuminés savez tout cela ; mais dans nos déserts néants nous sommes plongés dans les ténébres. *Thérése* à vu un très-beau Chateau pour les ames.

Un Saint sera donc là plus grand qu'un autre ? mais, lui dis-je, accorde-toi avec *Jésus*, il donne la même récompense aux ouvriers de la prémière & de la onzième heure, malgré les murmures des mécontens. Où vas-tu donc imaginer les Anges plus élévés que les Apôtres ; les Apôtres plus que les Martyrs ; les Martyrs plus que les Confesséurs & les Vierges ? tu raisonnes mal. Ils auront tous le même dénier, le même salaire, la même béatitude. Mais, *Chérakées*, me dit-il, *Jésus* assure qu'il y a plusieurs demeures dans la Maison de son Père ; *Paul*, que les Saints comme les étoiles différeront les uns des autres. Va, va, Sacrificateur: ton

ton *Paul* ne ſait ce qu'il dit. Regarde les Papiſtes, ils ſe moquent de ſa Doctrine ſur la Grace : je puis donc me moquer de ſes imaginations ſur les dégrès de gloire. Pluſieurs demeures au Ciel ne ſont pas des rangs différens au Ciel. *Jésus* ſe moque de la Mère des fils de Zébédée, qui lui demandoit que ſes enfans fuſſent les prémiers du Royaume. Il rejette ſa folie, & lui fait ſentir dans ſa réponſe que ſon Père a préparé avant qu'il pût lui-même diſpoſer de rien, le firmament aux élus. Il répète les térmes de cette femme, & répond à ſon idée, ſans l'éclaircir de rien ; c'eſt quand le Père de famille louë ſes ouvriers, & les paye, qu'il éxplique nettement ſa penſée. Que dis-tu donc, *Chérakées ?* que deviendroit le culte de Dulie & d'Hipérdulie ? Par les Stigmates, que deviendroient les Fêtes de différentes claſſes de mon Bréviaire ? Va, va, Sacrificateur, vous autres reſſemblez à des Charlatans dans vos Egliſes. C'eſt un Saint, qui n'a pas ſon pareil dans les cieux. Le lendemain c'en eſt un autre pareil. Accordez-vous donc avec vous-mêmes : ces louanges ſont éxtravagantes. Tes Chapelles on les pare, on les dépare à leur tour, & un de tes Vénérables fait en chaire un pot-pourri. J'ai été entendre ces fagots ; tu juges bien que ce n'étoit pas par dévotion ; car j'obſerve là-deſſus une ſobrieté ſcandaleuſe pour toi, mais très-ſalutaire pour moi. Voilà un Saint qui eſt grand comme Saint *Chriſtophe* ; Le lendemain il ne vient pas à la ceinture d'un plus fameux. Ces gens à chapeaux rabattus, reveurs & auſtères, ſe moquent de vous autres, tout Diſciples de *Chriſt*, que vous êtes ; jugez ſi j'en ſuis édifié. Qu'eſt-ce que tous ces magots de tes Autels. Tu les affubles de robes & de colifichets, tu leur donnes des bouquets. Que ne mets-tu en leur place les plus beaux hommes ? on ſeroit ſûr d'aimer dans ces créatures le Créateur ; & les élus & tes éluës, qu'elles répreſenteroient par leur éxtérieur. Tu vérrois plus de dévotion à tes Temples. Que vas-tu dire, *Chérakées ?* Cela donneroit de mauvaiſes penſées ; quoi Sacrificateur, une belle fille, habillée en Sainte, étiquetée d'un nom céleſte & benite par vous autres ? cela donneroit les meilleurs penſées du monde : j'aimerois les vierges & les martyrs, & ce ſeroit une diſpoſition prochaine à ma convérſion. Les bourreaux dans les répréſentations ne feroient que ſemblant d'arracher les mamelles à Sainte *Agnés* ; tu trouverois mille jeunes Chrêtiens, qui viendroient s'offrir pour tes fêtes. Ne vois-tu pas, qu'on aime plus une belle éluë qu'une laide ? que la dévotion eſt alors bien plus tendre ? que la vértu, Révérend, a de charmes dans un beau corps ? pourquoi te la repréſenter ſous des figures hideuſes, groteſques, & inſoutenables ? Ces jeunes gens, contre leſquels tu te déchaines avec un zéle Evangélique, ſont plus raiſonnables que toi aux Temples. Tu as les yeux ſur des figures de bois & de pierre, ſur des peintures idéales, & eux ſur les plus beaux rayons de

la

la divinité. Ce ſont des livres ouverts, qui valent bien les pſautiers de ton Lutrin. Ainſi finit la convérſation, que j'eus avec ce Vénérable. Montre, cher Alha, mes Lettres à nos Vaillans & qu'ils jugent eux-mêmes des Européens & de leur Religion.

VINGT-HUITIÈME LETTRE.

JE regardois ces jours une déſcription de leur Enfer. Ce tableau eſt très-eſtimé. Ils peignent le Diable comme un monſtre d'une grandeur prodigieuſe, noir & cornu, armé de griffes formidables, qui vomit du feu par ſa bouche immenſe, qui avale & digére tous les hommes, & les rend par dérrière dans une abîme épouvantable. *Théréſe* dit qu'il y fait froid, d'autres qu'il y fait chaud. Le tout extrait de belles & bonnes viſions de leurs Prophétes, & Prophéteſſes ; il y a des couleuvres & de la bouë dans ce cachot éternel, dit la Carmélite : il y fait mouillé, il y fait ſec, il y a des puanteurs inſupportables, on y brule, il y a des grincemens de dents, dit *Jéſus*; & ce Dieu humaniſé verra tranquillement ſes ſemblables, pour qui il eſt mort tout exprès, livrés à mille tourmens. On voit dans ce tableau des Rois couronnés, des Papes & des Evêques mitrés, des Sacrificateurs, des Moines, des Hommes & des Femmes de toute éſpèce, que ce Diable inſatiable

tiable avale comme une fraiſe. Ses camarades, Diables comme lui, mais de petite conſéquence, des fourches à la main vous embrochent les femmes & les filles, & les jettent dans le goſier de Satan, qui les gobe comme des pilules. Ce Diable, diſois-je à un Chrêtien, doit avoir des indigeſtions. Il n'en a qu'en digérant des *Chérakées*, me dit-il fiérement. Le Diable te croquera, Payen que tu ès. Je me retirai confus : cet homme me connoiſſoit à mon accens, cher Alha, & le proverbe en eſt paſſé, parler mal, c'eſt parler comme un *Chérakées*. Ils ne ſavent pas que s'ils parlent mieux Italien que moi, je parle à mon tour mieux Chérakées qu'eux. Jargon pour jargon, le nôtre vaut bien le leur. *Contraria contrariis curantur*, me diſoit un Médecin Vénérable ſur l'Enfer. Voilà un bel axiome, lui dis-je, très-clair & très-ſolide. Oui, me dit-il, *Chérakées*. Là Dieu punit préciſément par le contraire du péché. Les gourmands auront une faim canine ; les yvrognes une ſoif tantalique, ils auront des taſſes & des bouteilles vuides à vérſer toute l'étérnité.

Que dis-tu Médecin ? vous autres ne croyez guères toutes ces fadaiſes, n'eſt-ce pas ? Le Diable ſe purge en vous avalant, vous & vôtre gent ſublunaire ? Vértu Dieu, ſaint Hypocrates, me dit-il, les Prêtres débitent leur marchandiſe & nous la nôtre. Ceux qui ſe moquent de notre révérende faculté, auront toute l'étérnité dans l'Enfer de l'Emétique au corps, & des Apoticaires au cul,

cul. L'Enfer d'Ovide est du moins aussi grave, lui dis-je, que celui de tes Sacrificateurs. Bon, que dis-tu *Igli ?* C'est un conteur de sornettes, que ce Payen là, mais nos Vénérables ont la vérité mot d'Evangile. Tu as raison, lui dis-je, car ils n'ont pas un mot du sens commun. Va, va, Médecin, nous irons là-haut ou là-bas, devant ou dérrière, obliquement ou de front, nous deux dans ton enfer ; car je ne sais pas où tu le loge ce cachot du Monarque sévère. Non, par la rubarbe, je ne veux pas y aller, vas y tout seul. Vas t'en faire tes décoctions, vieux Docteur, lui dis-je, & je lui tournai le dos. Tu vois, cher Alha, si on peut parler à ces visionaires.

En quittant ce marchand de santé, je rencontrai une autre grave pérsonnage, c'étoit mon Curé. Il me prêcha l'Enfer avec une présence d'esprit & une élocution tout-à fait doctorale. Il avoit la fureur de me convertir, & l'Enfer étoit l'Artillerie, qu'il braquoit contre moi. Que dis-tu, Sacrificateur ? tremble pour toi-même avant de venir m'éffrayer. Qui de toi ou de moi sera damné ? Sache que je puis devenir un Saint & toi un réprouvé. Les jugemens de Dieu sont impénétrables, éffectivement, *Chérakées* ; je pourrois malgré ma foi & ma vie austère être sous tes piés au jugement dérnier. En peux-tu douter, Sacrificateur, avec ton visage allongé ? tu a trop promis à Dieu pour le tenir. Tu pêche quatre fois davantage que le Peuple que tu endoctrines. Tu seras garotté d'autant de

chaines

chaines brulantes, que tu auras donné d'abſolutions à des pécheurs inconvértis. Ton inſtrument de volupté ſera raſé & coupé par Satan en cérémonie, pour en faire une lanière pour chaſſer devant lui les troupeaux des réprouvés. O ciel ! tu me fais frémir, cher *Igli*. Va, va, Révérend, ce n'eſt encore que bagatelles. C'eſt la réalité, qui ſera drole, & que tu dois toujours avoir devant les yeux quand le Diable te tente. Je te plains, mon pauvre béat !

Parle donc, *Igli*, tu ne te feras pas Catholique ? Je ſuis baptiſé, lui dis-je ; que veux-tu davantage ? Mais, me dit-il, tu vis comme un Payen. Tu te trompes, Révérend, je vis comme un Curé : je m'enfuis, & le laiſſai prêcher tout ſeul. Je ſuis perdu mon cher Alha. Tu me mandes que tu n'entens pas mes Lettres, & que tu ne me reconnois plus : garde les, cher Alha, elles nous ſeront utiles à mon retour. Tu crois que je mens & que j'invente, non en vérité. Où veux-tu que je prenne des idées auſſi étrangères, ſi je ne les voyois de mes yeux bien réaliſées ? Sache, Alha, que je ſuis auſſi raiſonnable que toi.

VINGT-NEUVIÈME LETTRE.

TOUS ces Vénérables ſemblent me chercher, mon cher Alha. Un Moine rêveur eſt venu m'aborder & ſortant comme un éſcargot de sa coque m'a dit d'un ton entousiasmé, L'Enfer est une vérité de foi, ou l'Evangile est faux. Dis plutôt, Vénérable, lui repartis-je, qu'Ovidius Naso & Homére radotent comme ton Evangile. Va-t'en, Moine, & laisse-moi en Paradis. Que le Diable t'emporte pour l'amour de Dieu. Je ne serai pas tranquille un jour. Je disois ma pensée devant un *Marchand*, & croyois pour le coup que je ne rencontrerois pas de mes sots argumentateurs ; point du tout : cet homme prétendoit être aussi savant que les Sacrificateurs. Ah, cher *Igli*, que tu en auras, me dit-il au jugement dérnier ? Tu seras sot à la *Vallée* de *Josaphat*. Qu'est-ce que ta *Vallée* de *Josaphat* ? La *Vallée* de *Josaphat* est dans la Palestine ; elle a trois lieuës de circuit, me repliqua-t'il. Il y a de quoi placer trois millions d'hommes à terre, sans compter les étages, que Dieu par sa puissance fera de la terre au ciel. C'est dans cette assemblée de tous les hommes, qui ont été & qui seront, que Dieu montrera & justifiera la Religion de Moyse & la nôtre. Que la justice de ses conseils, que nous ne voyons pas à présent, sera manifestée, & que tes *Chérakées* se batteront l'estomac de n'avoir pas cru à *Christ*. Va, lui dis-je, Révérend ; mes compatriotes ne connoissent pas plus ton *Christ*, que les enfans qui viennent de naître. En ce cas, reprit-il, vous irez aux Limbes. Que veux-tu dire avec tes Limbes, lui demandai-je ? C'est un un lieu, repliqua-t'il, qui n'eſt ni Enfer, ni Paradis, ni Purgatoire. Ah! je t'entens, c'eſt ce lieu où les Juifs, les Rabins, & les Patriarches étoient, quand ton *Chriſt* les a ammenés au ciel par la main. Tout juſtement, me dit-il, c'eſt cela. Tu as du bon cœur, Vénérable, lui dis-je, les Prêtres ſévéres ne nous donnent pas cette region pour azile. Ils traitent ta clémence d'héréſie, & prétendent que nous & les enfans ſommes damnés. Ils aſſurent qu'Auguſtin l'a dit; nous ſerions bien à plaindre, Révérend, ſi ces rigides avoient raiſon. Ne les crois pas, me dit-il, ce ſont des ſuppôts de Satan. Leur dévotion eſt hypocrite. Ils ſont les ennemis du Pape. Ils ſont damnés comme tes *Chérakées.* Souviens-toi donc, lui dis-je, que ton zéle t'emporte mal à propos, & que nous irons aux Limbes. Ah! ah! tu as raiſon, étranger. Ces coquins ſeuls de *Janséniſtes* iront en Enfer. Tu ne les aime pas, Vénérable? Non, par la porte du ciel, me dit-il. Que veux-tu dire, Révérend, avec ta porte du ciel? C'eſt, ajouta-t'il, par où le *Chriſt* eſt venu au monde ſans rien endommager. C'eſt la *Vierge Marie*; c'eſt ce Paradis térreſtre & céleſte.

Par le Grand Eſprit, Révérend, ſans avoir pénétré tes myſtéres, je n'ai pas plutôt entendu parler de *Marie* que je l'ai aimée. Je ne m'en étonne pas, me dit-il, elle fait des miracles inoüis. Tu ſeras ſauvé, ſi tu aimes *Marie.* Je

te

te dirai, Vénérable, que tes Sacrificateurs & tes Livres m'ont donné pour elle une ſenſibilité extrême. La *Venus chrêtienne*, & le *Paradis de volupté* c'eſt *Marie*, diſent tes Docteurs. Il faut la force d'Hércule pour entrer par cette porte, & pour emporter la roſe d'or de ce parterre céleſte, dit un de tes Moines Auguſtins. Heureux ceux qui ſurmontent le monſtre, qui veut dévorer ceux qui s'approchent de la porte du jardin, où on trouve *Jéſus*. Ils diſent tous, que la beauté de la *Vierge* eſt inéffable. Oui, reprit le Révérend, *Jéſus* & *Marie* ſont les plus charmantes créatures, qui furent, qui ſont & qui ſeront. Les *Janſéniſtes* diſent le contraire, que *Marie* étoit noire, & *Jéſus* contrefait, & voudroient nous détacher de l'amour de l'humanité de *Jéſus*, en diſant qu'il s'eſt fait un homme de douleur, & que nous ne devons pas chèrir ce qu'il eſt venu lui-même immoler & défigurer, qu'il éloignoit ſes Apôtres de cette tendreſſe charnelle. Mais le Pape & l'Ecriture les contrediſent. *Specioſus forma præ filiis hominum*; & de *Marie*, *tota pulchra es.* Que tu me fais de plaiſir de me dire que tu aimes *Marie*. Dis-tu les ſept allégreſſes? Je les ſais par cœur: demande le plutôt à ma belle *Italienne.* Tu ès impie, me dit-il, je crois que tu badines. Que vas-tu dire, Vénérable? j'aime la *Vierge* dans toutes ſes images. Tu ès donc figuriſte? repliqua le Vénérable tout en courroux. Je ne ſais ce que tu veux dire, mais dans les images il y a des préférences raiſonnables. Une fille m'inſpire plus de pieté qu'une *Vierge de bois.* Dans ta Religion il n'eſt queſtion que de ſe ranimer par des portraits, qui vous rapellent vivement les originaux : & voilà ce que je fais. Si je me ſens quelque fois une vélleité pour l'Evangile, cela ne me vient que de-là. Par Saint Jean, *Chérakées*, je te fais réparation. On t'a jetté de l'eau ſur la tête, & tu aimes *Marie*, voilà deux gros articles. Canoniſe moi donc, Vénérable, lui dis-je, on n'en feroit pas tant faire à un Anglois. Tu as raiſon, cher *Igli*; ces inſulaires ſont de vrais Payens damnés. Ils n'ont pas les idées de terre ferme: je le vois par éxpérience. *Jéſus!* quelle différence entre nous & ces marchands de Londres ? Sont-ce des fripons lui dis-je ? Non, dit le Vénérable: ils ſont d'une probité reconnuë. Quelle eſt donc la différence, que tu diſois ? Ils ne ſont pas Romains, *Igli*, & c'eſt là ce qui les damne. Tu ès bête, Vénérable, lui dis-je, va faire tes envois & tes billets de voiture, & je m'en allai. Je ne rencontre, cher Alha, que ce langage extravagant. Ce marchand a lu quelques livres, & croit être un homme de conſéquence; il avoit par deſſus la mine ſavante & l'air dogmatique.

IREN-

TRENTIÈME LETTRE.

NON, mon cher Alha, je ne ſuis point devenu fou. C'eſt à tort que tu le crois. Tout ce que je te mande des idées de ces peuples eſt vrai. Je te les donne ſans y rien ajouter. Ne vois-tu pas que je ſuis obligé de te dire à toi & à nos Vaillans ce qui en eſt ? Eſt-ce ma faute ſi je te rapporte leurs imaginations ? Je ne ſuis venu ici que pour cela. Tu me mandes que nos Vaillans ſont indignés & veulent me rapeller. Que *Labi* auroit mieux éxécuté leur commiſſion que moi. Ménage moi avec eux, cher Alha, je t'en conjure. Je me trouve bien ici. J'ai des habits, du vin, de l'eau de vie, des couteaux, des lits, & tout ce que je puis ſouhaiter. Tu me dis d'un ton ſévére, que j'oublie mon aimable *Glé* ma Sœur. Je t'ai fait le dépoſitaire de ma tendreſſe ; en t'aimant, elle m'aime. Tu ès plus jeune que moi, plus beau & mieux fait ; elle gagne au change, & je m'acquitte envers elle en te recommandant, comme je ne ceſſe de le faire, de l'embraſſer cent fois, & encore cent fois & mille fois le jour. Tu me reproches que j'aime ici. Mets-toi à ma place, cher Alha, jamais tu ne t'imagineras rien de plus charmant que la belle qui me tient lieu de *Glé*.

Tu me dis, que l'amour sacré s'en mêle & non pas la raison. Que veux-tu, cher Ami, je suis à la piste le Grand Esprit, qui me mene par la main, & je néglige l'homme grave & bouffi de sagesse. Tu dis que je me raffine, & que nos Vaillans ne peuvent plus me souffrir. Je ne leur demande qu'une grace, c'est de me laisser retourner, afin que la moitié de moi-même mange l'autre. Je te déclare que je ne mourrai pas ici. Ces peuples me plaisent, mais me font horreur. Il faut que tout ce que mes yeux voyent, soit bien enchanteur. Je suis captivé malgré les réflexions de ce qui pense en moi. Nos Vaillans s'irritent de ce que je suis lavé par une cérémonie. Ai-je pu empêcher des fous? Tu crois que je suis Chrétien, & que je dissimule: Souviens-toi qu'en me lavant, ces Sacrificateurs m'ont laissé mon cœur. Il est libre, & j'en suis le maître: sa voix vaut bien celle de ces nations. Rassure-toi donc, cher Alha, le plus tendre & le meilleur de mes amis. Je ne suis pas tel que tu me crois. J'arrose de mes larmes la lettre que je t'écris. Je suis sensible à tes reproches. C'est que tu n'entens pas mes les lettres. Je t'ai mandé de les laisser, afin que je te les explique; & tu n'en a rien fait: nos Vaillans n'aiment pas tout ce qui ressent ces peuples: ils ont raison: mais ils devroient m'épargner, & ne pas croire que je veux rester avec eux. Je t'écris avec simplicité, & te verse dans le sein

tout

tout ce que je penſe ſans te rien cacher. Ta prudence devoit donc ſupprimer les lettres, où je parois enchanté de ces Peuples. Les Vailians n'ont-ils pas vu que je blâme ces nations ? Que je n'entre dans leurs idées, que pour me moquer d'eux ? Comment veux-tu que je-t'écrive leurs folies, ſi tu crois qu'en te les écrivant, je leur reſſemble? Tu dis qu'à la prémière inſpéction, je devois revenir : que malgré les précautions, je repandrai chez mes enfans de la curioſité pour ces climats, & une partie de l'eſprit fanatique qui y régne : que nos Vaillans me tuent, j'y conſens ; mais avant je les prie de m'entendre, & de me connoître. Tu me dis que mes Lettres ſont ſubtiles, & que je ſuis aveugle par la prétenduë ſcience de ces nations, tandis qu'ici tous les Vénérables me déteſtent. Je ſuis entre deux dangers ; celui d'irriter trop ces inſenſés, & celui d'allarmer nos ſages *Chérakées*. Je voudrois te voir avec eux, cher ami, toi & nos Vaillans ; je doute fort que vous euſſiez reſiſté à tous leurs artifices. Ce qu'il y a de plus ſingulier, c'eſt que c'eſt contre eux-mêmes qu'ils raiſonnent. Ces Peuples ſi amateurs de la volupté, la condamnent. Ces Peuples ſi curieux, s'aveuglent, & prétendent que nous devons croire ſans voir. As-tu rien entendu de plus ſingulier que ce qu'ils diſent ? Que le Grand Eſprit eſt né ſur la terre. Ah ! cher Alha, s'il s'étoit fait homme, qu'il fut né dans nos déſerts, & que cela

cela fût possible, quel amour n'aurions-nous pas eu pour lui ? Ces nations l'ont tué cependant, à ce qu'ils disent. Le Peuple qu'ils accusent d'avoir commis ce déicide, est haï & détésté partout. Effectivement le Rabin *Jésus*, qu'ils disent Fils de Dieu, a été aussi vértueux, que nos *Chérakées*; ses paroles sont sages & ses actions simples. Trente-trois ans de sa vie ne font qu'un très-petit volume. Il a dit très-peu de choses, mais les Chrêtiens allongent, tournent, retournent & retrecissent ses pensées, ils les expliquent en mille manières. Ils ont eu deux cens Séctes de prétendus sages, qui toutes sont différentes, & se haïssent consciencieusement. Ils tirent tous leur Religion de ce Livre, auquel ils croyent. Tu serois surpris de voir tant de faces à une pensée simple. Ils prétendent tous néanmoins d'avoir la vérité & s'excluent les uns les autres de leur Paradis. Voilà ce que je t'ai écrit de ces Européens, cher Alha, & je ne crois pas avoir mérité la colère de nos illustres Guerriers. Tu me connois, & tu peux me justifier. La vértu de mes compatriotes m'est un garant réspéctable du gain de ma cause. Le Grand Esprit, qui est la raison elle-même de nos déserts, fait que je ne ments pas. La vérité est une dette contractée avec le genre humain. Sache, mon cher Alha, que je suis fidèle à te la payer.

TRENTE-

TRENTE-UNIÈME LETTRE.

NOUS ne ſavons rien, diſois-je à un Turc, du Paradis dans nos déſerts : nous n'avons jamais formé de raiſonnemens. La crainte ou l'éſpérance ne nous a jamais inſpiré une idée. Nous nous repoſons ſur le grand Maître que nous ne connoiſſons pas, & qui nous a faits. Jamais il n'y a d'altérnative pour nous. Son amour, qui nous a créé, nous fait croire que la fin qu'il s'eſt propoſée, eſt heureuſe pour nous. Il ne nous a pas conſulté, il nous a faits de ſon autorité.

Nos Illuſtres ont cru, que j'extravaguois, quand je leur ai écrit les imaginations de ces climats. Rien de plus vrai, me dit le grave Ottoman. Les hommes ſeront punis ou récompenſés. Mahomet le répéte ſans ceſſe dans tous les chapitres de ſon Alcoran. Tu crois donc à un Moine & à un Arabe brigand, lui dis-je, enfant du croiſſant ? Par la Lune, tu ès impie, me dit-il : c'eſt Dieu & ſon Prophéte qui nous ont donné le chemin de la vie éternelle. Belle vie, lui dis-je, d'avoir des femmes juſqu'à la ſatieté ? Oh ! oh ! me dit le Circoncis, nôtre Religion eſt pratiquable ; ce n'eſt pas comme celle des Chrêtiens. Ils font les ſévéres par oſtentation, mais ils n'obſervent rien. Regarde les & leurs Sacrificateurs : & que font les tiens, lui

lui dis je, chez toi avec leur grand chapelet? Ils méditent, me répliqua-t'il, ſur la bonté de Dieu. Tandis que vous en profitez, lui dis-je? Comme de raiſon, me répondit le Mahométan.

Je le quittois, lorſque paſſant dans la ruë, je rencontrai une cérémonie de Chrêtiens; mets-toi à genoux, me dit un gros Vénérable: voilà Dieu qui paſſe. Comment veux-tu, que j'adore ton Dieu, auquel je ne crois point, lui dis je? Mets-toi à genoux encore un coup, me dit-il, butor. Je m'y mets bien ſans en croire plus que toi. J'entrai au Temple pour examiner ces Peuples avec un Anglois des mes amis. Ces ſortes de bâtimens me paroiſſent majeſtueux & leurs ſacrifices ſimples. Les Sacrificateurs offrent du pain & du vin au Grand Eſprit, juſqu'à la moitié du jour; le ſoir ils ſe contentent de faire des prières. Je t'ai déjà mandé qu'ils croyent rendre préſent ſur leurs Autels leur *Chriſt* crucifié, il y a environ deux mille ans, par la vértu de quelques paroles ſécretes. Ce Dieu n'eſt occupé qu'à obeïr à leurs invocations. En vérité, mon cher Alha, ces Prêtres ſont bien fourbes ou bien ſots. Pour chaſſer le Diable, ces Peuples en entrant dans leurs Temples, ſe font des ſignes à la tête & au corps avec une certaine eau, ſur laquelle les Sacrificateurs ont marmoté quelques mots. Apparemment que c'eſt pour les faire ſouvenir qu'ils ne doivent pas plus voir à leur créance, que ces miſérables voyent à la lumiére. Ils rempliſſent ces lieux ſacrés de clameurs ſurprénantes. Ils ont des machines énormes dans des tours qui s'élévent aux cieux, dont le fracas ſonore & térrible ſemble apeller le ciel pour déſcendre ſur la terre. Tout ce bruit religieux émeut le Peuple & attire des réſpects. Ils ſe proſtérnent tous devant un petit morceau de pain, que leurs Pontifes leur ordonnent de croire être detruit par miracle, pour être remplacé par le corps naturel du Rabin *Jéſus*. C'eſt du pain à leurs yeux & ce n'en eſt pas à leur entendement. C'eſt le *Chriſt* à leur entendement, & ce ne l'eſt pas à leurs ſens. Ainſi ils voyent ſans croire ce qu'ils voyent, & croyent ſans voir ce qu'ls croyent. Les femmes ne ſont pas le moindre ornement de leurs Temples, malgré les déclamations des Sacrificateurs, qui ſemblent ne manger leurs revenus, que pour rendre odieuſe cette moitié du monde la plus aimable. Ce qu'ils en font c'eſt en faveur des dévots, qui font ici profeſſion de ſe croire coupables, s'ils aimoient les femmes. As-tu rien imaginé de plus extravagant, mon cher Alba? Ce que je te dis eſt cependant certain. On voit ce ſexe ſublime, l'ornement & l'amour de la terre, ces créatrices des hommes s'avancer avec une démarche noble, & fixer un œil céleſte ſur la divinité qu'elles imitent & qu'elles croyent là préſente,

Les Sacrificateurs, avec leurs habillemens singuliers & leur air affecté, ne me semblent pas si digne de leur Dieu & m'imposent moins de respect. Les Vénérables marchent gravement, sont assis ou debout, les yeux errans. On en voit qui les ont fermés pour faire croire qu'ils pensent au Grand Esprit, ce que je ne crois pas. Ne vois-tu pas, me disoit mon Anglois, qu'ils ont intérêt d'en imposer au peuple ? La fin de la prière vaut mieux que le commencement, dit Salomon ; aussi ont-ils soin les Vénérables de se modéler sur cet avis. Ils sont précipités ou lents à proportion des solemnités & des idées populaires. Leurs Ecritures leur servent beaucoup. Elles ont autant de faces qu'il y a d'hommes qui les regardent. Elles ont toutes sortes de goûts ; c'est la manne des Juifs au désert. C'est là le repos de leur conscience : ils y trouvent tout ce qu'ils veulent. Le côté sévére est tourné vers le peuple : pour le côté miséricordieux ils le contemplent, se le réservent, le pratiquent & le communiquent à leurs élus, chacun selon son inspiration.

Tu vois, me dit mon Anglois, cette *Vierge d'argent ?* elle est composée de la vaisselle des vieilles du quartier. Elles font adorer au peuple le prix de la virginité, qu'elles ont pérduë dans leur jeunesse. Il ne leur reste plus à aimer, que les Sacrificateurs & les Eglises.

Est-ce une princesse qui fait là sa prière ? C'est, me dit l'Anglois, le Sacrificateur du Temple, qui

est

eſt aſſis dans la nuit de ſon tribunal doré : c'eſt là qu'il reçoit les humiliations & les larmes des femmes illuſtres, en les relevant de leurs chûtes, & en les conſolant avec charité. Je t'entens, lui dis-je. Je me remets ces petits aziles ſombres & poudreux des pécheurs de ces climats : j'en ai vu ailleurs dans les Temples.

As-tu vu le *ſérail* de l'enfant *Jéſus ?* Rien n'eſt plus raviſſant, rien n'eſt plus beau que ces jeunes filles qu'il éléve. Ces tendres édifices valent bien ſon Temple. Il ſeroit à ſouhaiter pour vos climats, que tant de millions convertis en *pierre* fuſſent caché dans le ſein de ces aimables enfans.

Viens au *Cordeliers*, me dit l'Anglois. Quel eſt cet endroit, lui dis-je ? C'eſt le monaſtère des Frères de Saint François d'Aſſiſe. Nous entrâmes dans le Temple. S'avancoient vers le chœur des jeunes filles pour s'édifier. Tu vois ces paters, me dit mon Anglois : s'ils font tort au genre humain par auſtérité, ils l'édifient d'ailleurs : as-tu vu moines plus propres à ſuppléer aux ſcrupules des Eunuques ſacrés, & à bâtir ce qu'ils détruiſent? ils chantent auſſi bien qu'ils font tout le reſte.

Il y a encore, *Igli*, me dit il, des *petits frères* au ſupérlatif. Ces moines ne vivent que d'huile. Ils ſont les lampes ardentes de l'égliſe de Dieu, dont la mêche ne s'éteint jamais, malgré les tentations du monde. Il me montra ce jour-là des Récolets gros & gras ; des Servites francs & honnêtes ; des Auguſtins éffrontés ; des Bénédictins noirs & triſtes ; des Jacobins de belle humeur ; des Carmes fringuants & dévots ; des Jésuites benins ; des Capucins à barbe grise, rouge, noire & blanche. Quel spéctacle, lui dis-je le soir à nôtre retour ! Cher *Igli*, me dit l'Anglois, les Sacrificateurs & les Moines n'ont de différent du peuple, que leur éxtérieur original, & leur intérieur infernal. Ils conduisént des brebis innocentes & crédules & s'en moquent dans le cœur. Cet Anglois, cher Alha, n'aime pas ces nations ésclaves de Rome. Mais ce qui me surprend, c'est comment il n'acheve pas de penser comme nos *Chèrakées*. Il y a encore un reste de préjugès chez lui, malgré ses raisonnemens.

Je te prédis qu'avant deux mille lunes, toute la terre sera de nôtre Religion. Je vois le train de ces climats ; je distingue chez eux les sentimens profonds ou supérficiels, ce que le cœur dicte, ou qu'une loi presque insuportable ordonne. Cela montre, cher Alha, qu'on peut bien obscurcir la nature, mais non pas la détruire. Elle est la vérité, & sa force est plus éfféctive que toutes les erreurs de ces pauvres peuples. Tel est, mon cher Alha le sort des choses humaines : la vérité & les erreurs ont le même sort, elles meurent & revivent. Elles ont leur cours, leur tems & leur crédit : mais le mensonge a sur tout tyrannisé ces climats toujours soumis aux artifices sacrés, ou à la pérsuasion sérieuse & fanatique de mille & mille prêtres divers. De tout tems on a fait un sacrilège à ces peuples de de contredire leurs oracles. Socrates fut mis à mort pour avoir contredit les dieux de la Gréce. Les grands hommes, cher Alha, n'ont pas pensé & ne pensent pas différemment de nous.

TRENTE-DEUZIÈME LETTRE.

TOUS ces peuples, cher Alha, se servent du Grand Esprit pour tromper plus finement leurs compatriotes. Quoi donc me diras-tu ? se peut-il qu'un être aussi parfait puisse servir d'instrument pour la fourberie ? Je le pensois comme toi ; mais je m'aperçois que je me suis trompé : figures-toi, cher Alha, que si ces cantons sont remplis de fourbes en tout genre, ils le sont aussi de dupes en toute éspéce. Ces dérniers sont en grand nombre. Les uns se laissent séduire par des louanges, qui naturellement devroient passer pour des injures. Les autres sont éblouïs par l'éclat de la récompense : le courtisan est flatté de l'hommage sérvile qu'on lui rend : le sot est aveugle sur son chapitre ; il ne s'apercoit pas que ce n'est pas son mérite qui lui attire l'encens qu'on lui prodigue ; mais le bien qu'il peut procurer. Le Magistrat est séduit par les beaux yeux d'une solliciteuse & par l'amour qu'elle lui témoigne. Je le disois l'autre jour à un de ces illustres. N'est-ce pas que tu as accordé aisément à cette femme la grace qu'elle te demandoit ? ne vois-tu pas ta bevuë

vuë & ta sottise ? Tu t'ès imaginé sans raison te devoir à toi-même les caresses qu'elle t'a faites. Sache, illustre, qu'elle te déteste, & qu'elle ne t'aime qu'à cause de ton crédit. Que viens-tu de faire ? une injustice, sans en recevoir qu'un prix affécté.

Tu ne connois pas l'Hypocrisie, mon cher Alha ; ce mot te paroîtra barbare. Graces au Grand Esprit nos ayeux ne nous ont pas transmis le nom de ce vice dans notre langage ; veux-tu donc savoir ce que les Européens entendent par ce térme ? l'Hypocrisie est un culte faux, qu'ils rendent aux Dieux, aux Souverains, aux Illustres, & aux Riches, pour attirer les regards & séduire les sots crédules. Que fais-tu là, disois-je à l'oreille d'un chrêtien absorbé en adoration ? je prie, me dit-il ; non Vénérable, tu dors, & l'homme est fait pour agir. Tu les prendrois, cher Alha, pour des bienheureux qui entourrent le trône du Grand Esprit. Ces infames trompeurs sont assidus dans les Temples, & y font cent démonstrations qui approchent des vértus, telles que ces nations singulières se les sont imaginées. On les regarde avec admiration. Leur réputation augmente à mesure que leur affectation redouble. Ces fous les prennent pour des modèles, & les proposent à la jeunesse ; on les fait venir chez soi pour attirer les bénédictions du ciel. Tu juges bien, si les cagots se font tirer l'oreille, c'est l'unique but des caffards. Les voilà impatronisés : mais que font-ils ?

ils ? Tu le devines ſans peine ; ils gagnent l'eſprit des Pères pour attraper leurs biens, & mignotent les Mères pour corrompre leurs filles.

Mais, me diras-tu, pourquoi ne pas ſe défier de ces hypocrites, ſi on les connoit pour tels ? Sache, que les *Italiens* ſont faciles à duper & que les Béats ne prennent pas toujours les mêmes routes. Ils ont de leur confrèrie des gens de tout état & de toute éſpèce. Ceux, dont je viens de te parler ſont les moins à craindre, juge des autres. Les plus dangereux ſont les Chefs de leurs Temples. Ceux-là étant commis pour inſtruire, ont moins de peine à les tromper. Graves, inſinuants, ils ſemblent craindre d'en trop dire. Ils cachent ſous le voile épais d'une conduite ſage le déréglement ſécret dont ils ſe nourriſſent. On les voit prêcher avec onction des vérités que leur cœur trahit. Il y a parmi eux quelques ſots honnêtes gens. C'eſt dans ces ſécrets aziles des pécheurs dont je t'ai parlé, qu'ils établiſſent leur trône. C'eſt là que le pauvre peuple va ſubir la loi cruelle de s'accuſer ſoi-même. Les loix de ce pays déffendent de croire & de profiter d'un aveu de cette éſpèce, mais ces loix ne ſont pas Eccléſiaſtiques. Ces hypocrites, pour autoriſer leur exactitude pour d'autres loix, qui démentent celles-là, pour ſe rendre d'autant plus réſpectables & Saints, qu'ils ſont formidables, pour mettre dans leurs fers de plus en plus un peuple inſenſé, qui ſeroit ſcandaliſé de

n'y

n'y pas être, les ſurchargent de liens, de honte & de malédictions prophétiques.

Ces peuples, dociles aux loix que leurs Pères leur ont laiſſées, toutes inconſidérées qu'elles ſont, vont ouvrir le ſécret de leur cœur, & les fautes ingénuës qu'ils ont commiſes, à des hommes habiles & détéſtables, qui meſuſent de ces connoiſſances ſacrées, pour les accabler, comme à leur inſçu, par les pérfidies les plus ſanglantes & les moins pénétrables. Mon Curé m'en veut, me diſoit un chrêtien du peuple. Ces hommes, lui répondis-je, ſont ſans fiel; tu as tort, Vénérable. Il me dit le mot pour rire devant ma femme, continua-t'il. Il me parle de ma belle humeur, de mes voiſines, & d'autres choſes comme cela. Je crois à tous momens qu'il va tout dire. Il ne dit pas le mot clair, mais ma femme entend bien la tournure. Tiens, *Chérakées*, j'ai eu affaire à une fille, mais c'étoit une foibleſſe; je te le dis bonnement, je l'ai dit à mon prêtre à Pâques, & depuis ce tems, c'eſt ceci, c'eſt cela. Il me dit des choſes à double entendre: pour une petite querelle que j'ai eu, il me donne le tort & me dégoiſe devant tout le monde que je ne vaut rien. Je te plains, pauvre homme, lui dis je, va t'en conter ton hiſtoire au grand Vicaire. Ventre-bleu, me dit le manant, c'eſt déjà trop, qu'un prêtre le ſache: tout le pays le ſauroit bien-tôt, ſi je le diſois à deux. Es-tu laboureur, lui dis-je? Oui, répondit-il. Va t'en donc cultiver ta terre, & cache ta ſémence en ſorte que les

oyſeaux

oyſeaux des champs ne viennent pas la découvrir.

Combien d'héritiers légitimes ſont fruſtés par les ménées de ces caffards ! Pour expier des fautes qu'ils éxagérent au peuple, il faut léguer tout ſon bien. Ce leg paſſe par les mains de l'hypocrite diréćteur, & ſe trouve ſouvent diſſipé ſans arriver à ſa déſtination. Combien de jeunes innocentes, qui découvrent ingénument à leur confeſſeur le feu ſécret que le tempérament allume dans leur ſein & qui ſont contraintes enfin de l'éteindre en partie avec celui qui en a reçu l'aveu. L'Hypocriſie eſt la maladie univérſelle de ces climats. Les lieux ſacrés n'en ſont pas exempts, & la cour du Pape en eſt le plus infećtée. Je regardois un jeune Sacrificateur, qui ſe diſpoſoit à l'Epiſcopat. Je l'avois vu meſuſer de ſa loi ; il ſe contrefaiſoit néanmoins admirablement ; ſes géſtes & ſon maintien étoient dévots. Il affećtoit une modéſtie ſingulière pour captiver ſon protéćteur, & pour arriver à ſon but.

J'étois ces jours paſſés dans une aſſemblée, où ces chrêtiens dans un certain tems de l'année ſemblent avoir perdu la raiſon. On les voit courir ça & là, comme des inſenſés, ils ſe transforment & ſe déguiſent en mille manières. Ils danſoient au ſon harmonieux des inſtruments céleſtes, qu'ils ont inventés : la curioſité m'avoit conduit dans ce lieu : je vis une infinité d'hommes ſans en connoître aucun. Tandis que je réfléchiſſois ſur cette étrange privation de bon ſens, un homme s'approche de moi. *Chérakées*, me dit-il, je gage que tu ne me reconnois pas ? On ne peut reconnoître que par le viſage, lui répondis-je, & le tien n'eſt pas reconnoiſſable. Eh bien, me répliqua-t'il, je ſuis le *Cardinal Rezzonico*. Ne ſuis-je pas bien maſqué ? Ah, lui répondis-je, vous l'êtes encore mieux à l'Autel à viſage découvert. Il ſe retira, comme ſi je lui avois fait un compliment.

Que ces peuples ſont à plaindre, cher Alha ! où eſt donc la ſimplicité & l'innocence de nos déſerts ? Ces chrêtiens ont la *manie* de multiplier leur Religion. Quel ſervice ne leur renderions nous pas, ſi nous éxpoſions la vérité à leurs yeux !

TRENTE-TROISIÈME LETTRE.

LA *franchiſe* & la *ſimplicité*, mon cher Alha, ſont ici les plus incommodes vértus du monde. On dit ſa penſée ſans mal vouloir & c'eſt un crime. Je t'écris de l'*Inquiſition* où je ſuis par l'ordre du *Surveillant* de la Religion. C'eſt l'épaiſſeur de la terre que ces murs impénétrables où je ſuis renfermé. On dit que je ſuis un impie, que je n'ai point de religion, que je ſuis la peſte de ces climats. Il eſt vrai, cher Ami, que j'ai parlé librement de leurs folies ; mais pour leur honneur devroient-ils punir un homme, qui leur dit la vérité ? J'aime ce Peuple, & ne peux m'imaginer qu'il qu'il me parle sérieusement, quand il me dévelope ses idées. Au reste, je suis ici bien nourri, mais je n'ai pas ma liberté; ma belle *Italienne* n'est pas ici. Ce sont là mes peines! Le *Surveillant* de ces cachots terribles me traite doucement, & me facilite les agrémens qui dépendent de lui. Avant de savoir que je serois enfermé dans ces prisons rédoutables, mes Amis me disoient, tu vois cet Edifice inéxorable! Il s'y passe mille cruautés. Mille gens ignorés pour toujours ont subi les volontés odieuses des Prêtres, des Moines, des Cardinaux, & cela souvent à l'insçu du *Pape*. Ce qui me console, c'est que je ne suis ici que pour avoir été fidèle à la Religion de nos Pères. Toute universelle, toute sensible & inévitable qu'elle est au cœur, elle a ses ennemis; cependant ces peuples ne me paroissent pas disposés à me tuer pour être *Chérakées*. Si mon grand-père fût venu ici, c'étoit fait de lui. Ces nations sont plus raisonnables à présent qu'elles ne l'étoient autrefois. On m'envoye chaque jours des Sacrificateurs pour m'amener doucement à leurs dogmes.

Qu'est-ce que Dieu? me disoit un Moine Révérend, noir, sans barbe, & sans rabat, tels que j'avois vu les *Compagnons de Jésus*. Je n'en sais rien, lui dis-je. Dis-le moi, Vénérable. Tu ès docte, n'est-ce pas? Nous autres ne savons rien de tout ce que vous savez par vos Prophétes, mais nous l'adorons, ce Grand Esprit, sans en savoir deux mots de suite.

Eh bien, *Chérakées*, qu'en penses-tu, ajouta-t'il ? Je pense, lui répondis-je, que cet Etre est un être, que j'aime comme toute créature aime naturellement son principe, & que je ne connois point. Pour parler de lui je devrois l'avoir connu familièrement ; je devrois être lui-même. Ce Dieu continua-t'il, que tu n'expliques pas comme nos Catéchismes, voit tout, sait tout, il est Tout-puissant. Alte-là, Vénérable, *tu as menti.* Quel fou de *Chérakées* articule le Pater ? Dieu peut tout, & même te convertir par sa grace, *quæ congruit* avec ta liberté. C'est-à-dire avec ton *congruisme*, Vénérable, que Dieu pourra, quand je voudrai, me faire Chrêtien. Par Saint Ignace, me dit-il, *Chérakées*, ne sais-tu pas que la prémotion physique est une hérésie qui donne à Dieu une Toute-puissance injuste ? Quand tu remuë le pié ou la main, ce n'est pas Dieu qui les remuë, c'est toi ; mais pour lui il concourt. Dieu n'est donc pas Tout-puissant, lui dis-je ? Va, va, Révérend, souviens-toi de tes Ecritures. Ton Dieu, disent-elles, fait tout au ciel & en la terre. Tous les cheveux de ta tête sont comptés, il fait tout en toutes choses, *Chérakées*, me dit le Vénérable, Dieu seroit trop déspotique, il a son district, & nous le nôtre. Nos Docteurs ont rétabli l'homme dans ses droits ; dis plutôt, Sacrificateur, qu'ils ont ravi ceux de la Divinité. Tu blasphémes contre la Société, s'écria-t'il ; contre l'esprit de la grace qui y régne.

Va

Va dire cela, lui dis-je, à tes Sacrificateurs févéres, & ils te répondront joliment.

Je ne me foucie pas, vois-tu, Révérend, de vos quérelles Monaftiques & Eccléfiaftiques : mais, puifque tu m'intérroges, je t'intérrogerai auffi à mon tour. Comment accommodes-tu l'immutabilité de Dieu avec fa libérté ? Car vous autres, vous avez fait l'anatomie éxacte de la Divinité. Dieu eft libre, me dit le Pater, & immuable tout enfemble. Eh bien, Révérend, tu conçois donc qu'un Etre éternellement immuable & nécéffairement infléxible a dû avoir un choix conditionel ? Voilà les fots myftéres, que vos vieux Docteurs vous donnent à dévorer. Ils ont mis par mégarde la libérté, qui n'eft qu'un appanage d'impérféction, dans la lifte des attributs de Dieu, parce que l'homme raifonne du Grand Efprit, comme il raifonne de lui-même, petit avorton ; & vous les en avez cru fur leur parole. Crois-moi, Révérend, le myftére n'eft pas en Dieu, mais dans ta crédulité & ton ignorance. Si la libérté eft une pérféction de Dieu, elle doit être infinie, il doit être infiniment libre ; or fon immutabilité te dit, qu'il eft infiniment fans varieté de choix. Opte donc, Révérend, lequel des deux attributs tu veux fauver dans tes Livres. J'en dis autant de la miféricorde & de la juftice ; deux autres qualités, que vous mettez à l'alambic. Ces deux attributs ne font-ils pas infinis ? Or l'impoffible

feul

ſeul borne l'infini ; donc que s'il eſt poſſible que Dieu ſauve tous les hommes, il le fait. La juſtice n'aura jamais rien à punir ou la miſéricorde n'eſt pas infinie : que dis-je, elle eſt avare, & odieuſe. Vous autres n'avez inventé en Dieu la juſtice, que ſur vos idées de peines de loix & de péché. La miſéricorde, tout de même, vous en faites un éſpéce d'entité pour en faire l'attribut altérnatif de la juſtice. Veux-tu que je te parlé franchement, Moine noir ; *vos idées ſont baſſes.* Vous avez un fatras d'érudition de vos Sages, mais ce n'eſt pas cela que je veux ; *c'eſt le bon ſens.*

O Vierge Marie, dit l'un de mes Docteurs, cet homme eſt Payen entre cuir & chair ! Conviens, Sacrificateur, lui dis-je, que tes Pères ont économiſé la juſtice, & beaucoup donné à la miſéricorde. Ton *Eſcobar*, ton *Fillucius*, ton *Emmanuelſa*, ton *Tambourin*, ton *Bauny*, étoient un peu *Chérakées.* Ils ſentoient la ſottiſe de la multiplicité des loix humaines : pour le péché, ils ne l'ont pas cru au fond plus que nous & ſe ſont toujours éxprimés en gens d'Eſprit. Ils ne reconnoiſſent qu'un *Amour.* Le divin & le charnel leur a toujours paru une viſion imaginée par les dévots. *Le même Amour, Dieu lui-même eſt unique.* C'eſt de-là qu'ils traitent favorablement ceux qui aiment ; puiſque quelque choſe qu'on aime, on ne peut aimer que Dieu. Ils étoient ſi perſuadés, que c'eſt une injuſtice d'avoit d'avoir des biens en particulier, qu'ils ne sont pas sévéres sur la *réstitution*. Tous les vices, que ces cagots tes advérsaires éxagèrent, ils les ont raproché de l'innocente réalité. Tu as donc lu les vingt-quatre *Vieillards*, me dit le Révérend ? Oui, lui dis-je ; ils ont quelques préjugès communs à ceux de ta Religion ; mais au fond, il esseyent petit-à-petit de se raprocher de nous. Le pauvre *Chérakées*, disoient les Paters, ce n'est pas sa faute s'il n'est pas Chrêtien ! ah ça, vous autres, dites-moi donc, serons-nous damnés ? C'est selon, me dit le Moine noir. Nos Pères ont distingué plusieurs révélations émanées de Dieu. Ils reconnoissent celle de *Moyse* & de *Consucius*, deux Prophétes, chaqu'un à leur manière, qui ont instruit les hommes. Mais, lui dis-je, Révérend, ont-ils oublié celle de la Nature ? Non, continua-t'il : elle suffit pour se sauver ; nos Docteurs ne font pas de difficulté là-dessus ; à moins, disent-ils, que ces Peuples n'ayent entendu prêcher les vérités de l'Evangile, qu'ils ne les ayent reconnouës pour divines, & qu'ils ne les ayent rejettées après ; car alors ils seroient inéxcusables. Mais toi, cher *Igli*, n'ès-tu pas dans le cas ? Nous t'annonçons le Méssie, & tu te moques des saintes vérités. Que veux tu, Révérend, lui dis-je ? C'est qu'avec tes *Sornettes* tu vas contre la révélation de la nature. Elle est pure celle-là, ajoutai-je, & ne passe

passe pas par les mains & les imaginations du *Gendre de Jetro* & de ton *Indien Législateur*.

Le Grand Esprit, dis-tu, est Créateur du ciel & de la terre, & tu fixe le moment de ce grand ouvrage. Tu veux qu'il ait été en lui-même une éternité sans rien faire, à se déléćter dans ses idées infinies. Quelle occupation donnes-tu à ce Dieu! L'amour oisif de soi-même n'est pas une vértu chez tes Révérends, au contraire; & tu suppose que cet amour étérnel est demeuré oisif. J'aime mieux dire, qu'il a agi & qu'il a formé le monde de toute étérnité. Va, Sacrificateur, *le monde est étérnellement créé.* Dieu a toujours associé des créatures à quelque partie de sa félicité. Sur quelle autorité conteste-tu ce sentiment, qui n'a de force d'ailleurs, que parce qu'il est simple & qu'il se pérsuade aisément? Est-ce par les calculs des tems de tes vieux pédagogues? Est-ce par la nouveauté que tu crois apércevoir au monde? Tes calculs incertains me font pitié. Commence pour gagner ton procès à faire revivre ces antiques Chinois & Egyptiens, qui commençant alors la manie qui vous a tous agités depuis, d'écrire dans vos climats vôtre sagesse & vos histoires, ne vous ont donné que leurs rêveries, & leurs préjugès. Juge du moindre fait qui se passe dans ces tems attentifs, raconté en mille manières différentes, quel fond tu dois faire sur ces mémoires enflés selon la coutume de ces anciens? *Salomon* a bien

dit,

dit, qu'on ne ſe ſouviendra pas après nous de ce qui ſe paſſe à préſent. Tout eſt difficile, & nous n'y entendons rien, dit-il encore. L'homme s'eſt entremêlé dans mille queſtions, & Dieu a abandonné le monde à leurs diſputes. Sache, Sacrificateur, qu'avant ces prémiers Ecrivains, ces prémiers Auteurs de vos folies, le monde avoit toujours été comme nous dans nos déſerts. Ne ſerions-nous pas fous dans quatre mille ans d'ici, après que nos Vaillans auroient pris vôtre train que vous apellez politeſſe, ſageſſe, culture, ſcience, beaux arts, ſi nos arrières enfans alloient montrer par cette époque la jeuneſſe du monde, & la proximité de la création? Tu radotes, Révérend, de vouloir m'aporter la même preuve, parce que du tems d'Hérodote on portoit les malades ſur les grands chemins; tu conclus que la médecine étoit encore bien imparfaite, & que les hommes ne faiſoient alors que de commencer à réfléchir. Crois-tu donc, que la médecine ait fait de grands progrès depuis pour le ſalut du genre humain? Va, va, Révérend, on devroit encore faire de même, que l'on faiſoit en ce bon vieux tems.

Il eſt impoſſible, qu'il n'y ait pas eu des créatures éternellement, parce qu'il eſt impoſſible qu'il y ait des éſpaces imaginaires. *Le rien n'a ni éxiſtence ni proprieté.* Le *Rien* eſt un nom, qui eſt né de tes préjugès, de l'évaporation de tes concéptions. Tu dis, que Dieu étoit en lui-même; personne ne peut se renfermer non plus que se créer; donc que Dieu n'étoit pas en lui-même. Dieu ne peut-il pas mouvoir ce monde de l'éspace qu'il occupe, & le placer dans un autre? Or ce lieu est réellement quelque chose, & c'est celui-là que Dieu & le monde ont toujours occupé. Le *Rien* ne peut *Rien* contenir, le monde est contenu: conclus donc, Révérend, que Dieu avant la création n'étoit pas en lui-même, environné du néant; mais qu'il avoit formé, aussi éternellement qu'il est éternel, ces *langes*, cette *enveloppe de son trône immortel, qui est le repos de son immensité.* Ces créatures, comme tu voudras les apeller, devoient tenir de l'intélligence infinie, qui les avoit faites: conclus donc encore, qu'il y avoit des intélligences créées. Tu te trompes donc, quand tu ne comptes les tems crées qu'au sérceau du monde, pour me servir de tes térmes. Que sais-tu si ton monde n'est pas le millième, le cent millième monde, que Dieu à crées dans les tems? Tu vois donc qu'il n'est pas fort raisonnable de dire, comme tu l'assures *gratis*, que Dieu étoit en lui-même à se contempler oisivement: *vraisemblance pour vraisemblance, celle de tes Vénérables est pitoyable.*

Si je voulois aller plus loin, je te demandrois comment tu conçois que le Grand Esprit ait pû tout créer de Rien! Le Grand Esprit peut-il faire l'impossible avec sa Toute-puissance? Or je je te dis, Révérend, qu'il eſt auſſi impoſſible abſolument & ſans réſérve, à quelque puiſſance que ce ſoit, de faire que ce qui n'étoit pas, ait l'éxiſtence, qu'il eſt impoſſible, qu'une montagne ſoit ſans vallée. Nous autres dans nos déſerts jamais nous n'avons réfléchi follement ſur tout cela, nous vivons & nous ſommes contens; mais tu vois, Vénérable, dans quelles abîmes vous vous précipitez vous autres. Que répons-tu à ceux qui te diſent en conſéquence de ce principe, que le monde eſt Dieu? de très-plattes raiſons, Vénérable. Ils ſe moquent des tes diſcours ſcientifiques & myſtiques. Que ne leur dis-tu plutôt que le monde eſt ſa *Parole* & ſon *Verbe* étérnel? Il ne te reſte que cela pour penſer avec quelque juſteſſe. Pour moi j'ai cru d'abord que le *Monde* étoit différent de la *Divinité*; & pour raiſonner avec tes Sacrificateurs je le diſois créé; mais ſache, Moine noir, *qu'à moins que tu ne me prouves qu'il eſt poſſible de faire quelque choſe de Rien, je ne croirai jamais ta création.* Va voir aux écoles comme on bérne *Déſcartes*, pour avoir dit que Dieu pouvoit l'impoſſible. Voilà la convérſation, mon cher Alha, que j'ai euë avec mes Miſſionaires. Je ne ſais ſi je pourrai encore t'envoyer mes lettres; mais je ſoulage mon cœur. Je n'ai d'autre occupation ici que de diſputer et de t'écrire.

TRENTE-QUATRIÈME LETTRE.

LE lendemain mes Sacrificateurs reparurent. Que penſes-tu, *Chérakées*, me dit l'un d'eux du myſtère de la *Trinité?* J'ai étudié tes Livres, lui dis-je, & je ſais que tu crois, ou plutôt que tu fais ſemblant de croire *un Dieu en trois Perſonnes*, mais pour moi, Vénérable, qu'ai-je affaire de tes dogmes ? Rends les croyables avant d'éxiger de moi de la docilité. Crois-tu au Catéchiſme des Turcs ? Non, me dit-il, ni moi au tien. Vous bataillez tous enſemble ſur la religion, & vous vous chargez d'impoſtures & de menſonges. Sais-tu le parti que je prens, Moine ? c'eſt de croire qu'en cela vous avez tous raiſon.

Les Payens éclairés, reprit l'Enfant de Loyola, ont déviné le myſtère de la très-ſainte *Trinité*. *Mercure Triſmégiſte* dit : *Monas genuit monadem & in ſe ſuum reflexit ardorem* ; ergo, ſi tu ne crois pas à l'Evangile crois au moins un grand homme, qui n'a eu d'autre maître que ſa raiſon. Tu ès bête, Moine noir, lui dis-je ; ne ſais tu pas que ce mot, que tu dis, eſt une fadaiſe inventée des milliers d'années après ; cite-moi les *Sybilles* encore, & je te tournerai le dos. Ton *Mercure trois fois grand*, que dit-il, dans ce paſſage ? il parle d'*un Dieu*, d'*un monde*, & d'*un amour*, qui par réfléxion retourne vers le Créateur : où vas-tu imaginer là ton myſtére ?

St.

St. Athanase & *Denys* d'Alexandrie, reprit le Moine, comprennent la *Trinité* ſous l'idée d'une *fontaine*, d'un *fleuve*, & du *lit* qu'il occupe. Sous l'idée du *Soleil* qui éclaire, & qui opére les mérveilles de la Nature. Sous l'idée de trois *Lanternes*, qui différent véritablement entre elles, mais qui produiſent une même lumière. Que me dis-tu avec tes *Lanternes*, enfant de Loyola? Elles n'ont pas toutes trois ni même *nature*, ni *égalité* de lumiére, ni *circumincesſion*. Trois éclairent plus qu'une; or il faudroit pour ta comparaiſon, qu'*une éclaira comme trois*. C'eſt tout de même, repartit le Révérend. Apprens, *Chérakées*, qu'une ſeule Perſonne ne fait pas une communication de ſa grace auſſi parfaite, que comme quand le *Fils* & le *Saint Eſprit* y répandent leurs graces particuliéres aux perſonnes & non à la nature. Il y a bien de la différence entre *manger le Fils de Dieu*, & *recevoir le Saint Eſprit*. De plus, *Chérakées*, pour te donner à comprendre la ſainte & indiviſible *Trinité*, ſouviens-toi d'un axiome important; *nulla beatitudo poteſt conſiſtere ſine conſortio*. Que dis-tu, Vénérable? Il prouve clairement ce que je te diſois hier, que Dieu n'a pu être heureux ſans aſſocier quelque créature au bonheur; mais il ne prouve nullement la pluralité des perſonnes en Dieu. Cet apophtégme de tes Sacrificateurs me fait ſouvenir, que je ſuis malheureux ici, parce que je n'ai point de *femmes*; mais Dieu, qui ſe ſuffit à lui-même, tu vas éxiger pour ſon bonheur, qu'il ait des Perſonnes

nes Divines qui partagent ſon eſſence. En vérité tes conjéctures ſont inſenſées. Sont-ce là tes preuves d'éſſai, Vénérable? La difficulté eſt, de me montrer, que ton *myſtére de Trinité n'eſt pas impoſſible.*

Comment me prouveras-tu qu'il ne répugne pas, que *trois faſſent une unité?* Ou ton Dieu eſt l'impoſſible lui-même, au lieu d'être l'Etre nécéſſaire, ou tu te trompes dans le myſtére de ſon eſſence. Je te laiſſe réfléchir ſur tes ſottiſes; & je conclus, que le Grand Eſprit ne t'a jamais dit ces dogmes, qui te font rougir. Tu conviens que les myſtéres ſont au-deſſus de la raiſon; & tu prétens dès-là qu'ils ne ſont plus contre la raiſon. Sache, Moine, que l'impoſſible, que ce qui répugne abſolument à la raiſon, la combat précisément, & eſt contre elle en la manière que quelque choſe peut être contre elle; ou toi & ta ſéquelle chrêtienne *n'avez pas le ſens commun.* Répons-moi, Vénérable; la Nature infinie de Dieu n'a-t'elle pas les mêmes attributs dans chaque perſonne? Ces Perſonnes ſont donc indentifiées, puiſque la Nature eſt indiviſible & qu'il n'y a pas *une*, *deux*, *trois Natures.* Ou parles-moi d'une diverſité de Nature, ou d'une unité de Perſonnes. *Trois choſes*, qui ſont *une* par Nature & par Eſſence, ſont *une même choſe* abſolument. Ce qui me ſurprend, Réſpéctable, c'eſt que les Juifs n'ayent pas eu ces notions claires: tu conviens cependant que ſans cela ils ont été en Paradis. Leurs Prophétes ne prêchent pas ces vérités

rités importantes. *Jésus* laiſſe le myſtére au même état, & n'eſt nullement ouvert dans ſon Téſtament. Donc que Dieu n'a pas cru que ces ſécrets fuſſent bien intéréſſans. *Jésus* en fait de même pour tout le reſte. Il demande une vie pauvre & humble ſelon ta loi que vous ne pratiquez guères. Il laiſſe des ténébres par-tout où vous voudriez voir clair.

Tu me cites ton paſſage *tres ſunt qui teſtimonium dant in cælo, Pater, Verbum, & Spiritus Sanctus & bi tres unum ſunt.* Tu n'y penſes pas, Sacrificateur : c'eſt un paſſage qu'un *Chérakées* ne croit point. Je paſſe la crédulité aux Diſciples de tes Pédagogues ; mais conſulte tes vieux éxemplaires, les plus ſurs & les moins ſuſpects ; tu n'y verras pas un mot de ce texte. Tu me demande l'Epoque de cette introduction. C'eſt, Vénérable, préciſément le tems, où il ſe trouve cité par tes Docteurs poſtérieurs. Les *Pères de Nicée* au troiſième Siècle l'auroient-ils oublié ? Ils ſavoient l'Ecriture auſſi bien que toi, Révérend ; pluſieurs l'avoient à cette aſſemblée fameuſe ſur leur poitrine comme le témoignage & le monument de leur foi. Aucun cependant ne fit la citation, qui étoit déciſive contre les *Ariens*, & contre ceux qui ont attaqué ton myſtére. Remarque, Vénérable, que je ne te crois pas perdu pour adorer *trois Dieux, qui n'en font qu'un*—*Celſe* avoit le défaut de vos climats, & vous rendoit odieux mal-à-propos. Pour moi, Vénérable, je n'inſulte point à vos préjugès ; quoique

quoique je les croye insensés, je ne les crois pas criminels.

As-tu pris garde, Vénérable, que *Jean* fait la comparaison de l'union de la *Trinité avec le Sang, l'Eau, & l'Esprit*, qui rendent témoignage sur la terre ? Or je te soutiens, ou que *Jean* a fait une comparaison impértinente, ou si elle est juste, qu'il n'a pas cru ce que tu crois de la *Trinité*. Il compare l'unité de substance & la diversité de personnes à *l'Esprit*, *l'Eau*, & le *Sang*: je t'en laisse le juge & conclus.

Quand *Jésus* parle de son unité avec le Père, *Ego & Pater unum sumus*; Il fait sentir, que c'est par la *grace* qu'il a cette unité, & non par la *nature*. Je te prie, mon Père, dit-il, que ceux que tu m'as donné, soient une même chose avec toi comme je le suis. Or, Vénérable, *Jésus* ne pouvoit pas demander que les *Elus* fussent *Dieux* comme lui. Cependant qu'ils soient, dit-il, une même chose avec toi, comme je le suis. Donc que l'unité dont il parle, n'étoit qu'une unité de *grace*, & non une unité de *nature*.

Tu me cites encore ce passage, la vie éternelle consiste à vous connoître seul vrai Dieu, & *Jésus Christ* que vous avez envoyé.

L'Ecriture n'apelle Dieu que le Père ; le *Christ*, qui est appellé *Fils*, est le prémier né parmi les Frères élus. Pour me prouver que ce texte de *Jean* doit s'entendre de la divinité de *Jésus*, tu ajoutes, *personne n'a connu le Père sinon le Fils*. Ne

vois-

vois-tu pas que cela ne veut dire autre chose, que pour connoître le *Père*, la doctrine de *Christ* est nécéssaire à tes Peuples? mais il n'est rien dit là de la Divinité de *Jésus*.

Ne reconnoit-il pas, lui-même, qu'il ne sait pas le jour du jugement dernier? Mais, *Chérakées*, me dit le Vénérable, nos Ecritures prouvent clairement, que le Verbe étoit Dieu. Sache Moine, lui dis-je, que le titre de Dieu est donné aux Anges & aux Juges de la terre, & que quand ce mot est dit du Grand Esprit, il y a un *accent dessus*, comme je l'ai remarqué moi-même dans les originaux de tes livres, pour montrer, qu'il y a des Dieux Métaphoriques, & qu'il est le seul véritable. Moyse est apellé le *Dieu de Pharaon*.

Le Verbe selon tes Ecritures n'est-il pas engendré? *Tu ès mon Fils & je t'ai engendré aujourd'hui*, dit *David*. Donc que le Verbe n'est pas éternel. Ou le *Fils* étoit, ou il n'étoit pas, quand il a été engendré? S'il n'étoit pas, donc que le *Fils* n'est pas éternel; s'il éxistoit, comment le *Père* l'a-t'il engendré? L'acte par lequel le *Fils* est engendré, apartient au *Fils* ou il ne lui apartient pas? Si étant de même nature que le *Père*, cet acte lui apartient, il s'est donc engendré lui-même, ce qui est impossible; si-non, il y a donc une opération infinie dans le *Père*, que le *Fils* n'a pas; & par conséquent il n'a pas toutes les pérféctions de la Nature du Père; il n'a pas la même essence avec lui. Ou le *Fils* est sans cesse engendré, ou le *Père* a cessé de l'en-

 gendrer?

gendrer ? S'il l'engendre ſans ceſſe, il n'a donc pas ſa pérféction ; ſi le *Père* a fini ſon opération, & qu'il ſoit engendré, donc que le *Père* a commencé cette génération ; donc que le *Fils* n'eſt pas étérnel. *Paul* apelle le *Chriſt* le prémier de toute Créature : tes Ecritures mêmes ſont contre toi, Vénérable. *Jéſus*, dans l'Evangile de *Jean*, dit, celui qui croit en moi ne croit pas en moi. Donc que le *Fils* n'eſt pas Dieu pour croire à lui, mais qu'en croyant à ſes paroles, on croit au Dieu qui l'a envoyé. Le *Fils* ne peut rien faire, que ce que le *Père* lui montre ; donc qu'il n'a la toute-puiſſance que par emprunt. Pourquoi m'apelles-tu bon, dit-il ailleurs ? Il n'y a que Dieu qui ſoit bon. Je vais monter vers mon Dieu & le vôtre.

Tu n'entens pas nos Ecritures, me dit le Vénérable. Les entens-tu mieux, lui dis-je, Moine ? Je te les cite pour te payer en ta monnoye. Tu me parle Ecriture, & je te montre qu'elle eſt inintelligible, puiſqu'à tes textes, j'en oppoſe des contradictoires. Ce qui me ſurprend, Réſpectable, c'eſt que tu m'apporte un mot de tes livres, comme une preuve. Que dirois-tu, ſi je te citois quelque livre, *Chérakées*, ſi nous en avions ; & que je concluſſe que tu as tort, parce que tu ne penſerois pas de même ? Tu me regarderois comme une bête ſans raiſonnement, comme un rêveur entouſiaſmé. Va, Révérend, j'en dis autant de toi. Veux-tu me convertir ? parles moi le langage des hommes, & non celui de tes Illuminés. Je te

 forcerai

forcerai bien, dit le Pater, de croire à nos livres. Sais-tu bien, que c'eſt la Parole de Dieu ? montre-moi donc d'abord, que Dieu a parlé, lui dis-je. Il me prouva le Nouveau Teſtament par l'Ancien, l'Ancien par le Nouveau. Tu m'ennuyes, lui dis-je, Moine noir ; à quoi ſe reduiſent tes preuves de la divinité de tes livres ? Tes Illuminés t'aſſurent, que Dieu leur a parlé ; mais ne ſens-tu pas l'inſuffiſance d'une affirmative qui eſt ſans preuve ? Comme tous vos climats ont cru jadis les oracles de Delphes, & les apparitions des Dieux, tu crois le Grand Eſprit *fait homme*. Si tes Hiſtoires n'en faiſoient foi, aurois-tu jamais cru que ton monde eut été univérſellement fou pendant pluſieurs milliers d'années ? Ne m'apportes donc pas ta nouvelle crédulité, accréditée par ce qu'elle a pris la place de la prémière, pour preuve de la vérité. Ton monde, Sacrificateur, a cru trop aiſément mille erreurs, dont tu conviens, pour être digne de l'attention de nos déſerts invariables. Vous autres dans ces vaſtes contrées, que vous habitez, n'avez fait que vous précipiter de ténèbres en ténèbres, & que changer ſuccéſſivement de folies. Les annales, dis-tu, de ton ancien monde te font rougir : & l'hiſtoire ſimple de ce que je vois à préſent parmi vous, fait rougir nos Illuſtres ; & fera rire dans deux mille ans ceux qui viendront après toi. Chaque Peuple de tes contrées a ſes inſpirés & ſa Religion. Vous vous condamnez tous réciproquement ; & le Turc trouve au moins autant à gloser sur l'Evangile, que tu trouves à redire à l'Alcoran.

Que dis-tu, pauvre *Chérakées*, reprit le Pater? Nos livres ont je ne sais quoi de Divin, qu'on ne trouve pas par-tout ailleurs; dis plutôt Moine, que tes Entousiasmés sentent cela, mais point du tout les hommes sensés, qui en jugent froidement. Comment, dit le Révérend, six cent mille hommes dans le désert avec Moyse, ne sont-ce pas là des témoins oculaires de la Parole de Dieu écrite?— Temoins oculaires! Tu ès bête Moine. Moyse n'avoit-il pas déffendu sous peine de mort d'approcher de la Montagne? Va, va; il avoit ses raisons. Les rébellions continuelles de ce Peuple ne montrent que trop ses soupçons, & qu'il n'étoit pas si pérsuadé que tu le crois, de ce mystère. Moyse n'est venu à bout d'eux, que comme un habile Chef qui manie les esprits dans le goût qui peut les gagner. Ils se sont attachés à lui, comme les Arabes à Mahomet. Va leur dire à ces nations plus étendues que toi par leur religion, que leurs Pères n'ont pas été les témoins auriculaires de la voix de Dieu même qui parla à Mahomet. Ne viens donc pas, Moine, me donner pour preuve de divinité de tes livres, tes ouvriers de briques passés au désert, qui ont entendu Dieu; à moins que tu ne conviennes, que les Ottomans ont la même raison à produire en leur faveur. Les Turcs & les Juifs ont conquis des pays, & ont cru en massacrer les habitans par l'ordre du ciel.

Que viens-tu me dire avec tes miracles Mosaïques ? Cet imposteur, législateur d'un peuple méprisable, & qui vouloit, comme tous les autres se rendre fameux par leur antiquité & leur origine, ose donner pour prodige le *passage de la mer rouge.* Alexandre n'a-t'il pas passé la mer de Pamphilie ? La Manne ne tombe-t'elle pas naturellement en Arabie ? Un vent de mer n'apporte-t'il pas des sauterelles & non des cailles, comme tes ignorans l'ont cru ? C'est un miracle de l'habile hébreux : il trouve une fontaine dans le fond d'un rocher : il profite de tous ces avantages pour se rendre réspéctable. Va, va, Moine, le monde a cru les prodiges de Jupiter. Moyse feroit à présent de l'eau toute claire ; pourquoi ces tems reculés sont-ils déstinés aux mérveilles ? D'où vient ne voit-on plus des législateurs & des fondateurs de peuples chercher à s'immortaliser ? Ils trouveroient, peut-être, autant de sots crédules ; mais le tems est passé, ou les peuples stupides, amateurs du mérveilleux, & intéressés à le fomenter par leurs applaudissemens, ne seroient plus disposés à suivre les caprices consacrés d'un *fourbe* de la *divinité.*

Ah ! cher *Igli*, me dit afféctueusement le Pater, ce sont les Prophéties accomplies qui prouvent sans replique la divinité de nos livres. Laquelle, lui demandai-je ? Les Prophétes prédisent que les nations briseront leurs idoles, me répondit-il. Oui, lui dis-je, Révérend, comme je te prédis sans être Prophéte, que *dans peu ton monde ne croira plus les*

folies

folies que tes Apôtres ont introduites à la faveur de la créance d'un Dieu. Sache, Moine, que les nations n'ont fait avec vous que changer d'idoles. Quelle différence y-a-t'il entre tes Chrêtiens agenouillés au piés d'un *Magot* réveré, & tes Payens prians la ſtatuë de *Jupiter*, de *Venus*, ou de *Mercure?* On vend à la porte de tes Temples des petites Idoles, comme à la porte du Temple de Diane d'Epheſe. Je te défie de me citer une Prophétie, qui ne ſoit à double ſens comme les Oracles. Tes Semaines de Daniel, ſi vantées par tes Sacrificateurs, dépendent d'un calcul arbitraire. Les Juifs les comptent pour des Semaines de Siècle, toi pour des Semaines d'années. Qui t'a dit qu'ils ont tort & toi raiſon ? Regarde leur férmeté.

Ta Prophétie de *Jacob*, Vénérable, peut-elle s'entendre de *Jéſus ?* Le Sceptre n'étoit-il pas ſorti de Juda dès le tems des Aſmonéens ? Alors il n'y avoit plus de Rois de Juda ; c'étoit donc là l'époque préciſe. Examine à préſent le tems, où ton Méſſie eſt venu ; & ſi c'eſt [illegible] tems des Machabées, ou plus tard de pluſieurs Siècles ? Peux-tu, Moine, en diſconvenir, malgré tes ſubtilités peu propres à ſatisfaire un *Chérakées*. Laiſſe-moi donc, Révérend fou, dans ma Religion, & va t'en. Tels ſont, cher Alha, les diſcours fatiguans de ces originaux. Mes Sacrificateurs me font de grands raiſonnemens, mais ils ne vont pas au fait. Je veux du précis, du clair, & du concluant ; & je te jure, cher Ami, qu'ils ne me donnent rien de

tout

tout cela. Embrasse ma chère *Glé*; si jamais je sors de mes chaines, assure-toi de mon prompt retour.

TRENTE-CINQUIÈME LETTRE.

MES Vénérables ne manquèrent pas de revenir. Quoi, me dit un d'eux, cher *Igli*; nos Martyrs, qui ont répandu leur sang pour ces vérités, ne sont pas capables de te prouver, que Dieu seul a pu inspirer des forces si au-dessus de la nature? Que dis-tu, Moine? Ne sais-tu pas, qu'on se fait égorger pour l'erreur? Souviens-toi des *Massacres* que vous autres avez faits des Protestans. Avec quel courage plusieurs d'entre eux ne sont-ils pas morts? Si l'on en croit les histoires, quelle joye, quelle consolation n'ont-ils pas montré dans leurs supplices! Donne tes Martyrs pour des hommes qui ont cru leur religion vraye, & non pas comme des hommes, qui en prouvent la vérité. Il ne faut que l'amour de la patrie, ou une certaine fierté, pour faire bruler tranquillement sa main dans un brasier ardent, comme a fait *Mucius Scevola* dans la tente de *Porsenna*. L'opiniâtreté, ou la valeur sont capables d'en faire autant. Sais-tu que l'homme courageux devient en quelque sorte insensible. La différence qu'il y a entre ces braves & tes Martyrs, c'est que les uns se sont sacrifiés

crifiés pour leur patrie, & les autres pour des Visionaires.

Mais, reprit le Vénérable, les *Miracles* de *Jésus*, sa *Résurréction*, & son *Ascension* sont incontéstables. Que ne crois-tu donc, Révérend, les miracles de *Mahomet?* Tu prétens cependant que les *Ottomans* sont fous. J'en dis autant de toi & de ta populace qui a cru les prodiges de *Christ*. Ne sais-tu donc pas, Moine, jusqu'où peut aller la crédulité de tes nations? Y a-t'il extravagance qui n'ait eu ses partisans? Feuillete ton antiquité & les annales plus modèrnes.

Ton histoire de la *Résurrection* de *Christ* n'a nulle vraisemblance. Tu me donnes pour témoins des femmes pleines d'imaginations & attendries: tu me donnes quelques hommes, dont le cérveau se creusoit à force de jeuner, aux quels il s'apparoit. Quel jugement les hommes judicieux de ce tems en ont-ils fait? Ils les ont traités d'Entousiastes qui pour autoriser la Séćte nouvelle de *Jésus*, avoient caché son corps.

Son *Ascension* étoit un fait étonnant & capable de faire changer de sentiment à la nation Juive. Tous ces faits se passoient à la porte de Jérusalem. Comment veux-tu, Moine noir, que je croye tous ces prodiges, quand je vois les plus habiles Juifs, les plus éclairés, les Prêtres & la Synagogue, les regarder comme des *Fables?*

Ta *Fable* aussi de l'*Annonciation* de *Gabriel* est tout à-fait drole. *Barpanther*, disent les Juifs, étoit

l'Ange

l'Ange qui lui apparut comme le *Pére Girard* à la *Cadiere*. L'innocente & belle *Marie* dans ses vapeurs ne s'aperçut de rien, & le bon homme *Joseph* en eût murmuré, si le *jeune hébreux* n'eût achevé son artifice par une nouvelle apparition, que le vieux & simple Israëlite crut comme un article de foi. Va, va, Sacrificateur, ton *Compagnon Jésuite* en a fait autant, mâis par malheur il s'adressoit mal; une fille est dangéreuse pour ces opérations, une femme auroit été bien mieux son affaire.

Ah, cher *Igli!* n'écoute pas ces pérfides Juifs, qui ont crucifié nôtre Seigneur, me dit le Vénérable. Va, va, lui répondis-je, on feroit fort bien d'en faire autant à tous vos *Chefs de Secte*. N'est-ce pas, Moine, que si on avoit pendu *Luther* & *Calvin*, c'eût été une très bonne œuvre? Qui en doute, cher *Igli?* me répondit l'Enfant de *Loyola*. Eh bien, Moine, lui répliquai-je, voi à ce que les Juifs ont fait à *Jésus*. Raproche-toi des tems & des circonstances; & souviens-toi qu'on pensoit alors de *lui* tout ce que tu penses de tes *Séctaires*, dangéreux à l'Etat & à la Religion. Plut-à-Dieu, *Chérakées*, que ces coquins, continua le Pater, eussent été brulés comme *Jean Hus*, pour le bien des ames Allemandes, Hollandoises, Angloises, Dannoises, Suédoises, Prussiennes, Bohémiennes, & Suisses, qu'ils ont envoyées à tous les Diables! mais *Jésus* quelle différence! Un Dieu qui vient se montrer aux Juifs, pour leur annoncer qu'il est le *Méssie!* O ciel! tu ès fou, Sacrificateur! Tu as été bercé avec ces idées. Tu veux donc mieux être instruit de l'accomplissement des Prophéties, & de la Foi des Juifs, que les Juifs eux-mêmes ? Que dirois-tu de moi, si je voulois être plus instruit que toi, & si j'allois apprendre à tous tes Pontifes tes Dogmes, les décisions de tes Conciles, & ton Catéchisme ? Tu me regarderois comme un éxtravagant. Sache donc, Moine, que vous autres Chrétiens êtes ces éxtravagans à l'égard des Juifs.

Ces Juifs sont des impies, reprit le Révérend, de blasphêmer ainsi contre le Mystére de *l'Incarnation*. En bonne foi, Pater, lui dis-je, pourras-tu toi & ta bande bien heureuse, me pérsuader, qu'une *Fille Juive accoucha jadis d'un enfant, pour avoir entendu parler un Ange ? Va, va, les enfans ne s'introduisent pas par l'oreille.* Tu ne le sais peut-être que trop, Moine noir, que cela se fait tout autrement.

C'est un Mystére, reprit le Béat. Ah ! Sacrificateur, lui dis-je, tu en fais bien accroire au Grand Esprit. Tu lui fais faire autant de pérsonnages qu'à un Comédien. Sache que Dieu n'a fait qu'un Mystére, qui est la formation du monde. Tout impénétrable qu'il est, il l'expose à nos yeux. Pour les tiens ils se sont tous passés dans l'obscurité suscéptible de mille mensonges. La vérité n'aime pas les ténébres. Comme elle est faite pour tous les hommes, elle se montre à tous. Tes erreurs offusquent sa lumière. Dieu n'en fait pas un sécret.

Remarque,

Remarque, Moine, que ſans nous faire faire un éffort de raiſonnement, cet Etre aimable ſe fait connoître. Les cœurs les plus ſimples & les moins capables de tes ſciences le connoiſſent encore mieux que toi, & l'aiment plus ardemment. La *raiſon* eſt la prémière *révélation* qui eſt ſans contredit émanée de Dieu. Je ſuis donc certain, en lui obéiſſant, de ſuivre le flambeau que Dieu lui-même m'a donné. Dieu ne peut donc pas me punir de l'avoir écoutée avec ſimplicité & de l'avoir ſoutenuë. N'eſt-elle donc pas, Sacrificateur, auſſi réſpéctable, cette *révélation*, que la tienne? Tu oſes la traiter d'impie, & me regarder avec horreur parce que j'y ſuis docile? Sache, Moine aveugle, que c'eſt au Grand Eſprit que tu t'en prens, & non pas à moi. Sois auſſi ſûr, que ta *révélation* eſt une invention humaine, que je ſuis ſûr que la mienne eſt du Ciel. Tes Chrêtiens ont douté mille fois des hiſtoires de Moyſe; mais jamais a-t-on pu douter des impreſſions & des lumières des eſprits & des cœurs. Me conſeillerois-tu de changer ma cértitude invariable pour mille incértitudes? ma Religion pour ton Fanatiſme? Va, Moine noir, & laiſſe-moi réſpirer. Ces hommes, cher Alha, me font en vérité une grande compaſſion: ils veulent me convertir à leurs dogmes; mais je pourrois bien en avoir fait quelques uns *Chérakées*. On dit ici que ces Vénérables ſont Chinois à la Chine, & Brachmans chez les Malabars. Ils pourroient bien être *Chérakées* chez nos Vaillans. Prie, cher

Ami, le Grand Esprit de les détourner du déssein de passer dans nos déserts. Avertis nos Illustres d'aller sur les rivages, & d'éxtérminer à coups de flêches tous les Vénérables, qui voudroient s'insinuer dans nos saintes habitations.

TRENTE-SIXIÈME LETTRE.

JE fus fort surpris, mon cher Alha, de voir encore mes Vénérables m'aborder d'un air doux & sérain. Et de la morale de *Jésus* me dit un d'eux, qu'en penses-tu, cher *Igli?* C'est là où le Verbe de Dieu paroit sensiblement : & c'est là, lui dis-je, ce qui est le mal éxécuté. Les anes sont dociles comme vous, mais ils sont rétifs en chemin. Ton *Christ* étoit *Chérakées*, Vénérable : il semble ne s'être appliqué qu'à vous faire revenir à nôtre simplicité. Il ne vous inspire ni la curiosité, ni les sciences, ni l'amour des beaux arts. Il vous rapelle à la félicité, que l'on goûte à n'avoir pas les vaines richesses du génie. *Vous êtes riches vous autres de cela.* Il vous promet une béatitude aussi grande, que si vous possediez un royaume, si vous autres Docteurs voulez être des *pauvres d'esprit.* Il vous invite à ne vous mêler d'aucunes des affaires d'ici bas. *Beati mites.* Cela n'est pas vrai, me dit le Moine. Nous nous en mêlons, mais c'est pour le bien des Chrêtiens. De-là vient, Révérend, lui dis je, qu'on ne peut vous voir posséder la terre. Un Vénitien m'a dit, qu'on vous chassoit tous les ans. Tes Vénérables ont été chassés de France, d'Espagne, de Portugal, d'une partie d'Italie, des Indes Orientales & Occidentales. Ils le seront tous bientôt de toute la surface de la terre. Vous n'êtes donc pas de la béatitude de ceux, dont *Christ* a dit qu'ils posséderoient la terre.

Ah! pauvre *Chérakées*, dit le Révérend; jamais Oracle de *Christ* n'a été mieux & plus amplement accompli qu'en nous. L'Europe & presque tout nôtre monde, nous les possédons spirituellement ou temporellement. Nous ressentons de jour en jour la béatitude de *Jésus*. Tu me reproches que nous sommes tombés dans l'opprobre; mais je t'assure, *Igli*, que nous saurons nous venger, que nous tirerons de nôtre dispérsion même des forces étonnantes, & qu'enfin nous rentrerons en triomphe d'où on nous a chassé si ignominieusement. Donc que nous sommes les *mites* de l'Evangile en question. En sorte, leur dis-je, que vous avez raison, & que j'ai tort. Que vous autres Moines êtes rusés! Pour me prouver que vous êtes compris dans la *prémière* partie de la béatitude de *Jésus*, vous me montrez que vous pratiquez, & voulez pratiquer *bon gré, mal gré* la *seconde*.

Remarque, Sacrificateur, la folie des ris & des joyes, continuai-je: elles ne font éxtravaguer les peuples de tes climats, que pour avoir abandonné la douceur pure, que l'on goûte dans nos solitudes sans dissolutions & sans excès. *Jésus* pensoit judi-

judicieuſement, quand il nous invite aux larmes : il falloit par un rémede violent arracher à tes Peuples le bandeau qui l'enchante. Ils veulent trouver la félicité où elle n'eſt pas. Ce n'eſt pas en s'énérvant par les débauches éxceſſives, que l'homme eſt heureux. Si je voulois vous faire devenir *Chérakées*, je voudrois, malgré vôtre éducation, vous faire vérſer mille larmes, & vous accoutumer à vous endurcir au froid, au chaud, à la faim, à la ſoif. Nôtre félicité nous ne l'achetons pas à ce prix, parce que dès l'enfance nous pratiquons la ſévérité. Cette façon de vivre nous conſole, laiſſe nôtre eſprit ſérain, & toujours prêt à s'embraſer de l'amour de la Divinité. Pour tes Chrêtiens, qui croyent que Dieu habite avec eux viſiblement & qu'ils *le mangent*, ils ſont toujours envelopés des ténébres & du tumulte des plaiſirs & d'occupations inconnuës dans nos déſerts. La matière éternelle de vos invéctives contre les vices de ces nations, n'a pas le moindre accès dans nos rochers. Tout ce qui s'offre à nos yeux, nous donne des déſirs infinis pour l'Auteur tendre & éternel qui les éxcite par mille énigmes faciles à entendre à nos cœurs. Mais pour vous autres, rien ne vous ſuffit de ce que Dieu vous préſente dans la nature, pour ſe faire aimer de vous, & pour y conſérver ſon ſouvenir. Il vous faut mille avértiſſemens & mille images pour vous inſpirer la *ſoif du ſouverain bien* ; & vous n'en êtes jamais raſſaſiés. Vôtre dureté pour vos frères eſt criante. L'eſprit de poſſeſſion & de

& de proprieté vous précipite dans la barbarie, autorisée par vos loix, réspectée par vos prudens, & détéstée par l'humanité. Si vous étiez dans le malheur à vôtre tour, comme il arrive chez vos peuples féroces, que ne donneriez-vous pas pour trouver de la compassion & de la miséricorde ?

Sache, Vénérable, que les Chrêtiens n'entendent pas leur Evangile. *Jésus* leur met sous les yeux ce que nous pratiquons, & ce qui leur est devenu impossible, s'ils ne reviennent au point où nous sommes, & dont ils sont partis. Où est la sérénité du cœur ? où est cette simplicité délicieuse qui nous fait voir de plus en plus le Dieu que nous devinons ? Se trouve-t'elle chez tes Chrêtiens, accablés par l'amour des richesses périssables, dont la nature ne nous a jamais fait un bien réel, puisqu'on les quitte à la mort ? où est l'esprit de paix où celui de contéstation régne toujours ? C'est à moi, dit l'un, cet héritage ; c'est à moi aussi, replique un autre Disciple de *Christ*. Je conclus avec ton Evangile, qu'aucun d'eux ne sont les enfans du Grand Esprit: Nous seuls méritons ce nom chéri, puisque l'union éternelle de nos rochers est le lieu réspectable, qui forme de nous tous un corps de frères & d'amis. Ton *Jésus* comprenoit comme nous, combien tes fous auroient de répugnance à devenir hommes. Il nous affermit, & tous les peuples qui vivent comme nous, contre les pérsécutions de vos loix & de vos préjugès.

Voilà

Voilà ses enseignemens vrayment dignes de nos Illustres.

Tu dis, Vénérable, que ta loi est renfermée dans les huit béatitudes ; soit donc *Chérakées*, si tu veux être heureux. Ton *Christ* t'y invite, & t'exhorte à tout quitter. Dans son Evangile il ne parle que du Grand Esprit, & se méprise lui-même. Il étoit plus sage que toi, Vénérable, ce fils de *Marie*. Je voudrois l'avoir entendu lui-même ; car tes Entousiasmés ne nous exposent de lui que des ténébres. Qu'est-il venu faire ce Législateur ? Vous dégager de la loi de Moyse, & vous rétablir dans les loix de la nature. En parlant de la multitude des femmes, il t'assure, Vénérable, que *dès le commencement les choses n'étoient pas ainsi* ; que la femme étoit déstinée pour l'homme, & qu'ils n'étoient qu'une même chair. Remarque que c'est là le point, où il te rapelle. *Dès le commencement cela n'étoit pas ainsi.* Salomon avoit cinq cens Concubines sans compter les *Reines*. Souviens-toi que par-tout il te dit, *dès le commencement cela n'étoit pas ainsi.* Les Cérémonies qu'il a établies ne sont insupportables, que parce que vous autres Sacrificateurs en avez fait un joug Judaïque, ce qui est contre l'esprit de *Christ*. Des conseils tu en fais des préceptes ; de-là en avant l'Evangile est devenu plus cruel que le Judaïsme. Obtenez moi ma grace, je vous en prie, Vénérables, & que je puisse retourner dans mes solitudes.

Voilà

Voilà, mon cher Alha, en deux mots, ce que je dis à ce Moine & à ſa bande. Aime moi, & ſois ſûr de ma tendreſſe.

TRENTE-SEPTIÈME LETTRE.

J'AI reçu, mon cher Alha, un ordre de reprendre le chemin de la mer & de retourner dans nos déſerts. Les Vénérables ont repréſenté que ſi on me laiſſoit à l'*Inquiſition*, je ferois le ſurveillant *Chérakées*, tous les Moines & tous les Geoliers qui m'approchent. Je ſuis ſorti de mon *Antre*. J'ai demandé pérmiſſion de reſter huit jours à *Rome* ſous prétexte d'affaire. J'ai couru ſur le champ embraſſer ma belle *Italienne*. Je croyois la trouver triſte, chagrine, & plaine d'inquiétudes pour moi ; point du tout, cher Alha ! Cette enfant légère étoit en partie de plaiſir chez elle avec quatre jeunes gens des mieux faits. Je lui avois donné de l'or un peu avant mon empriſonnement, & la follette le dépenſoit joyeuſement à mon intention. Voilà comme ſont les femmes de ces climats, elles n'aiment que l'or, & la volupté ; mais jamais la perſonne. Elles ſont flatteuſes, inſinuantes, habiles, hypocrites, fourbes, intéreſſées & ſans véritable tendreſſe, mais en récompenſe elles ſont raviſſantes à l'éxtérieur.

J'entrai, elle me ſauta au col ; elle me marqua une joye infinie. Je me ſentis frappé tout-à-coup du plus violent amour pour elle : jamais je ne l'avois trouvée si aimable. Je lui fis sentir, que j'étois sur mon départ. Je ne pus dissimuler mes larmes ; elle jetta les hauts cris. Je t'envoye, cher Alha, avec celle-ci les quatre lettres que je t'ai écrites dans mon cachot. J'arriverai, peut-être, aussi-tôt qu'elles. Viens visiter le rivage, dès que tu les auras reçuës, si elles me devancent : amène mes enfans avec toi. Si ma chère *Glé* est grosse, fais la rester à mon habitation. Depuis douze ans, que je suis dans ces climats, je n'ai rien épargné ni soins, ni travaux, ni études, pour m'informer de tout ce qui regarde l'intéressant de ces peuples : je t'ai montré leur religion & leurs mœurs. J'ai passé sous silence mille travers & mille caprices de ces fiers barbares. J'ai cru que ce que je t'ai mandé suffisoit pour nous mettre en état de juger de la préférence ou du mépris, que nous devions avoir pour ces modèles inconnus & détéstables, que nous nous étions proposés.

Ces sentimens humbles & sublimes, qui nous ont porté à les connoître, devroient au contraire réveiller à nôtre égard ce monde enseveli sous le cahos fabuleux dans lequel il se roule. Semblables à la paille, emportée par un vent impétueux, & qui se trouve enfin sans savoir pourquoi ni comment, éloignée de la tige qui lui a donné naissance, ils ont adoré des idoles de mille maniéres & sous mille cultes différens ; & adorent à présent ce qui tient lieu parmi le Peuple de Cerés, de la Rei-

ne

ne du Ciel, d'Adonis & de Bacchus, un *Méſſie pendu*, une *Mère Vierge, & du pain & du vin diviniſés* par leurs Sacrificateurs. J'ai parcouru preſque tous les états & les conditions, qu'ils ont inventées, pour la déſunion de l'unique famille, & pour le malheur de leur terre. Ils eſtiment un Gouvernement plutôt qu'un autre, parce qu'ils ont cru dans l'éxcès de leur folie, qu'il y en avoit un meilleur, que celui qui régnoit au commencement du monde. Ce que tu dois penſer de tout cela, c'eſt que ces pauvres nations ont la maladie de toujours chercher, & de ne trouver jamais.

Le Grand Eſprit en nous créant nous a mis au point de l'humanité. Nous avons été aſſez heureux, pour ne nous être pas écartés : mais ces peuples ſe ſont imaginés qu'il leur étoit honteux d'être toujours tels qu'ils étoient au commencement. Voilà la ſource préciſe de toutes leurs éxtravagances. Du divin ils en ont fait du ſenſible, ils ont voulu voir, toucher, & entendre ce grand Maître, qui pour les confondre, les rend moins heureux que nous. C'eſt un crime auſſi grand chez eux de contredire à préſent leurs fables ſanctifiées & vénérées, que c'en étoit un du tems des Egyptiens, des Grecs, & des Romains. Tout va ſon train chez ces Peuples. Ils ſe croyent ſages, éclairés, ſavans, comme les anciens idolatres le croyoient être au ſiècle d'Auguſte.

J'ai diſputé avec leurs Docteurs. Je te jure, cher Alha, que j'en ai bien auguré pour l'avenir.

D'où vient cela ? C'eſt qu'ils ouvrent les yeux & que malgré leurs ténébres, la lumière de la nature pérce dans les cœurs. Les digues, qu'ils ont opposées depuis dix-ſept ſiècles à la nature, qu'ils ont accuſée de mille crimes, qu'elle n'a jamais faits, n'ont pas retenu ni corrigé un ſeul vice. Leurs Anciens, que j'ai lu, reprennent les mêmes défauts que l'on blâme à préſent. C'eſt, cher Alha, que *la Nature eſt incorrigible, & qu'elle n'eſt incorrigible que parce qu'il n'y a rien en elle à corriger.*

Ces Sacrificateurs & ces Pontifes condamnent l'amour de la béatitude de la terre, qui eſt au moins la figure & la preuve d'une autre. Je leur dirois volontiers, qu'ils veulent nous chaſſer du Paradis. La loi, qui nous fait aimer, ſe promulgue auſſi-tôt, que les hommes peuvent réfléchir ; & la leur non ſeulement ne l'eſt pas à tous les hommes, mais trouve autant d'advérſaires, qu'il y a de cœurs.

Tu rirois, cher Alha, de voir ces Vénérables, faire aux Diſciples de *Chriſt* les mêmes raiſonnemens, qu'ils feroient à un *Chérakées.* Ils ne ceſſent d'entaſſer invéctives ſur invéctives, & de déclarer de ſang froid la guerre au genre humain. Juge, s'ils ſont écoutés. C'eſt un miracle que l'on place dans leurs annales, quand un cérveau attendri ſuccombe ſous le poids pompeux & patétique de ces Sacrificateurs. Sais-tu bien au fond, cher Alha, ce que c'eſt que ces prodiges miraculeux de la Parole de *Jéſus ?* C'eſt un Bavard, qui arrache

à une

à une dupe les innocens plaiſirs de la vie. C'eſt un triomphe chez les Vénérables : ils croyent que pour cette fadaiſe, le Grand Eſprit a allongé ſon bras, qui eſt racourci pour le reſte des voluptueux, à qui il ne dit pas un petit mot d'onction intérieure. Tout eſt criminel ici, juſqu'au plaiſir de ne l'être pas, s'il part d'une autre ſource, que celle que ces Entouſiaſtes ont imaginée. C'eſt orgueil, que de ſe croire juſte.

Ces éxtravagans, cher Alha, avec leurs idées ſurchargées, m'ont inſpiré un mépris profond. A mon retour je t'expliquerai à toi & à nos Vaillans plus éxactement tout ce que je t'ai voulu dire, & que je ne t'ai dit qu'imparfaitement. Je t'ai cru par la longue habitude, que j'ai contractée avec ces peuples, auſſi au fait que je le ſuis, mais je me ſuis trompé. Ta ſimplicité réſpectable n'a pu ſouffrir les éxpreſſions de ces climats, mais éxcuſe moi, cher Alha, je t'en ſupplie. Je te promets à toi & à nos Illuſtres de les écouter mille Lunes, afin d'apprendre à me corriger du poiſon, qui s'eſt gliſſé inſenſiblement dans tout ce que je ſuis. Embraſſe ma chère *Glé*, en attendant que je ſois rendu à ſa tendreſſe. Mon Italienne m'a plu, mais elle ne ſatiſfait pas mon cœur. Je m'aperçois, cher Alha, qu'il faut plus que des liens délicieux & ſenſibles pour former l'amour. Il faut tout ce que je trouve dans ma tendre *Glé*, l'union involontaire du cœur & les liaiſons du ſang. Je ne t'écrirai plus. Je ſuis ſur le point de m'embarquer inceſſament.

Malgré

Malgré la douceur de ces climats, je trouve des charmes à m'occuper des plaisirs purs & simples, qui sont l'occupation délicieuse de nos Vaillans, tout soumis qu'ils sont aux vicissitudes ordinaires, que renférme nôtre déstination & nôtre sort.

Toute douleur infinie & tout plaisir infini nous sont également inconnus; ils sont même impossibles. Heureux ou malheureux, jamais nous ne nous enflons, & jamais nous ne désésperons. Je t'avouë, cher Alha, que j'ai été fort surpris de trouver des nations qui craignent plus la mort, que nous ne craignons de mourir loin de nôtre famille, & de nôtre patrie. Tu sais que c'est le plus grand de tous les malheurs pour nous; mais ici il y en a encore un plus grand; c'est de cesser de vivre.

Je demandois à un de leurs Sacrificateurs, d'où venoit que des hommes, pérsuadés qu'ils vont avec le *Christ* à la Jérusalem céleste, comme sont les Chrêtiens, avoient des térreurs si étranges? Il me répondit froidement, c'est que ces Chrêtiens sont dans l'incértitude de savoir où ils vont. Tu as raison, lui dis-je, Vénérable, ils n'en savent pas un mot. Ce n'est pas, continua-t'il, faute à nos Docteurs: ils leur peignent si évidemment le siècle à venir, qu'on croit y être par avance; mais c'est la maladie qui affoiblit leur tête & qui la rend inquiète & soupçonneuse. Dis mieux, Révérend, ajoutai-je, c'est que trente, quarante, cinquante & soixante ans de tes Divins n'ont formé dans ces cœurs qu'un combat déplorable de tes folies avec la Nature, de tes menſonges avec la vérité, c'eſt ce conflict de juriſdiction, dans lequel éxpirent ces victimes de ton Entouſiaſme.

Dieu nous a formés en nous faiſant éſpérer mille plaiſirs que nous ne faiſons que preſſentir. Jamais il ne nous a gravé la crainte dans les cœurs. Nous craignons nos ennemis qui nous tuent, les animaux qui veulent nous diſputer la vie, & les accidens qui peuvent nous la ravir; mais jamais nous n'avons imaginé ce phantôme infiniment térrible, qui accrédite ſi fort les Sacrificateurs, qui ſavent adoucir la fureur du monſtre imaginaire, le rendre docile, & le captiver.

J'ai eu, cher Alha, mille convérſations de cette nature avec ces Vénérables ſans réüſſir à leur faire avouer que les hommes ſe reſſemblent tous, & que tous ſont frères, puiſqu'ils ſont tous nés de Dieu.

Que j'aurai de choſes à te dire à mon retour!

Tu m'as mandé, que mes enfans étoient mariés avant même qu'ils puſſent s'aimer ſolidement? Je m'en réjouïs, cher Ami; leur tendreſſe ſera durable. Les inclinations de l'enfance pérſévérent juſques dans la vieilleſſe la plus avancée; & quand ils m'auront mangé, ils aimeront encore ce qu'ils ont aimé auſſi-tôt que leur cœur a pu aimer.

Quand je ſerai dans nos rochers, je verrai à qui le Grand Eſprit donnera ma fille, qui me reſte. Si quelqu'un de ſes Frères l'aime, unis la comme ſon autre ſœur, ou prens la pour toi; ſinon, je la prendrai pour me conſoler dans ma vieilleſſe. Je l'éléverai

verai dans mon sein, & ne la laisserai pas livrée à la douleur & à l'ennui.

Que le Grand Esprit, nôtre amour & nos délices, me conduise à travers les mers immenses où je vais entrer. C'est lui seul, qui gouverne nos solitudes, & qui fait tout parvenir à sa fin:

Je ne regrette que mes quatre enfans, que mon Sacrificateur m'a pris, & que je n'ai jamais pu revoir depuis.

Hélas ! je me souviendrai toujours de la maxime d'un de leurs inspirés : * *Vis loin de tout homme qui a le pouvoir de te tuer ou de te nuire, & tu vivras heureux.*

* Eccles. cap. 9. v. 13.

FIN.

www.ingramcontent.com/pod-product-compliance
Ingram Content Group UK Ltd.
Pitfield, Milton Keynes, MK11 3LW, UK
UKHW020330230726
13925UKWH00002B/717

9 782013 675482